市场调查与预测

刘　超　主编

王智新　畅婉琪　副主编

本书受河北省高等学校人文社会科学研究项目青年拔尖人才项目“大数据时代市场调查预测与人力资本积累”（BJ2021086）资助

科学出版社

北　京

内 容 简 介

本书在吸收已有市场调查与预测研究成果的基础上，融合了数据化的市场调查思维，将市场调查与定量预测有效结合，既包括理论性阐述，又介绍数据分析软件 SPSS、EViews 在市场调查与预测中的应用，具有较强的实用性和可操作性。本书结构新颖、内容全面，主要内容包括市场调查的内容分析与数据来源、市场调查概述、市场调查的组织、市场调查方法、调查问卷的设计、调查问卷的评估、抽样调查、数据处理与分析、市场预测等。

本书可以作为高等院校经济类、管理类专业社会调查课程的教材，也可以作为企业经营和管理人员学习社会调查相关知识的专业参考书。

图书在版编目（CIP）数据

市场调查与预测 / 刘超主编. —北京：科学出版社，2021.6

ISBN 978-7-03-067215-5

Ⅰ. ①市… Ⅱ. ①刘… Ⅲ. ①市场调查－高等学校－教材 ②市场预测－高等学校－教材 Ⅳ. ①F713.52

中国版本图书馆 CIP 数据核字（2020）第 263538 号

责任编辑：方小丽 / 责任校对：贾娜娜
责任印制：赵 博 / 封面设计：蓝正设计

科学出版社出版
北京东黄城根北街 16 号
邮政编码：100717
http://www.sciencep.com
固安县铭成印刷有限公司印刷
科学出版社发行 各地新华书店经销
*
2021 年 6 月第 一 版 开本：787×1092 1/16
2025 年 1 月第三次印刷 印张：11 1/4
字数：267 000

定价：48.00 元

（如有印装质量问题，我社负责调换）

前　言

十九大报告指出，“在中高端消费、创新引领、绿色低碳、共享经济、现代供应链、人力资本服务等领域培育新增长点、形成新动能”“完善促进消费的体制机制，增强消费对经济发展的基础性作用”①。科学技术的大规模进步促使了更加激烈的市场竞争，消费者的偏好和需求也变得丰富多样，为了更有效地满足目标市场的需求，应该通过科学的方法有目的地收集、记录、整理和分析市场信息资料，从而判断市场的未来发展趋势，并以此为依据做出经营决策，达到预期目标。

在市场调查中最基本的构成要素就是对数据的应用和收集。在复杂的环境下，对数据进行归类分析找寻自己所需要的数据，是进行市场调查的前提条件。基于数据在市场调查中的重要地位，本书从宏观、微观层面详细论述对数据进行的收集，收集数据的途径和方法，如何对收集到的数据进行应用与案例分析，以及在科学研究中如何进行文献分析。

市场调查是一项较为繁杂的工作，从市场调查的组织方式、人员配备、调查方案设计等方面科学严谨地组织调查活动，可以为市场调查活动打下良好的基础。针对调查目的和调查对象，围绕现有研究成果，需要合理选择市场调查方法。通过对文案调查法、面访调查、邮寄问卷调查、电话调查和网络调查等方法的详细介绍，可以综合比较，最大限度地发挥各种调查方法的长处，以最小的成本和最短的时间圆满完成调查工作，实现市场调查数据的收集。然后就需要设计调查问卷，以问卷的方式来了解市场信息资料、实现调查目的、完成调查任务，这是企业调查和科研调查最常用的调查形式之一。使用事先设计好的统一问卷进行调查，可以使标准化程度较高，有效节约成本。本书以科研调查活动为重点，详细介绍评比量表和利克特量表，并配备详细的案例分析和操作说明。

在调查问卷设计完成后，一般要对初步设计的问卷进行检验以判定其可靠程度。通过信度分析和效度分析，可以判断调查问卷能否准确反映研究现象的属性，能否在一定条件下以最小的计量误差得到所需的所有信息。为了直观展示和详细说明，这里使用案例分析的方式以边操作、边分析的形式进行详细的分析与说明。当预调查结果的信度检验和效度检验满足调查要求时，调查活动就具备了大范围实施的基础。但是由于时间和经费限制，在市场调查的过程中，我们往往不能调查到全体对象，通常运用市场调查普遍采用的一种经济有效的工作和研究方式——抽样调查来进行市场调查。本书通过系统介绍抽样调查的基本概念及分类，列举了应用较为广泛的几种抽样方式，供用户选择比较和参考学习。

调查方案实施后，首先，要对原始调查数据进行处理，以便开展日后的分析工作。其次，数据的处理和分析是市场调查中不可缺少的一环，可以帮助我们了解市场发展变化的

---

① 《习近平：决胜全面建成小康社会 夺取新时代中国特色社会主义伟大胜利——在中国共产党第十九次全国代表大会上的报告》，http://www.gov.cn/zhuanti/2017-10/27/content_5234876.htm[2021-04-02]。

现状和趋势、为企业管理决策提供科学的依据。最后，市场预测是市场调查的延伸，市场调查的目的是找寻市场发展变化的规律从而向用户提供决策依据，而市场预测则是根据获得的资料为用户预测未来一段时间的发展趋势。尤其是在大数据时代，市场预测的方法越来越多样、越来越丰富。当然，同时要纠正在方法选择上“技术越复杂越好”的观点，选择合适的预测方法，如有必要可以运用多种方法进行对比。

本书为河北省高等学校人文社会科学研究项目青年拔尖人才项目“大数据时代市场调查预测与人力资本积累”（BJ2021086）的阶段性成果。

参与研究和书稿编写工作的有何淼、宋宝琳、申博、郑宁雨、田龙龙、毛文倩、李依弯、王柯涵、张庆雯、梁海、封晓敏、王新、武海波等，他们在市场调查数据的收集、市场调查材料的整理、具体案例的分析及文字格式的修改等方面做出了诸多努力，为本书做出了大量富有成效的工作，这也是本书相关研究成果丰硕、多方一致好评的重要支持。

感谢河北大学燕赵文化高等研究院、河北大学资源利用与环境保护研究中心的资助。

作　者

2021年6月

目　录

第一章

市场调查的内容分析与数据来源

学习要求：

1. 学习如何查找使用数据及阅读文献
2. 了解收集数据的途径与方法
3. 掌握处理数据的方法

市场调查是指通过科学的方法有目的地收集、记录、整理和分析市场信息资料，从而判断市场未来发展趋势，并以此为依据做出经营决策，达到预期目标的过程。在市场调查中最基本的构成要素就是对数据的应用和收集。在复杂的大数据时代背景下，对数据进行归类分析并找寻自己所需要的数据，是进行市场调查的前提条件。基于数据在市场调查中的重要地位，本章围绕数据加以介绍，主要介绍在数据收集之前如何进行文献分析，然后从宏观和微观两个层面介绍收集数据的途径与方法，并对收集到的数据进行实证与应用。

第一节　市场调查内容的现有成果梳理

文案调查是市场调查中的一种重要方法，文案调查又称二手资料调查或文献调查。文案调查是指查询和阅读可以获得的（通常是已出版或已发表的）与研究项目有关的资料的过程。文案调查与其他调查方式相比，所获得的信息资料比较多，获取方式也比较方便、容易。无论是从企业内部还是从企业外部，收集资料的过程所花时间短，而且调查费用也相对较低。在开展科学研究的过程中，熟练掌握市场调查方法，学会阅读文献是必不可少的。

一、现有成果的种类

在进行文献选择时，不是所有文献都可取。对于现阶段的学术研究来说，各种参考文章学术质量参差不齐，进行文献选择时要着重考虑文献的来源，避免给所研究的问题带来反向作用。对于社会科学文章的选择，建议选择权威的核心期刊，如中文社会科学引文索引（Chinese Social Sciences Citation Index，CSSCI）来源的期刊，常用的期刊有《中国社会科学》《经济研究》《管理世界》《法学研究》《教育研究》《考古》《历史研究》《求是》《民族研究》《人口研究》《中国图书馆学报》《文学评论》《新闻与传播研究》《文艺研究》《中国语文》《哲学研究》《世界经济与政治》等，涉及各个社会科学领域，包含大量的高质量文章供用户学习。

二、现有成果的概括内容

现有成果的阅读和分析讲究技巧性与操作性。有价值地利用文献对学术研究有很大的正向作用。在进行某一方面的学习和研究时，阅读大量的文献，有助于用户深入了解其写作背景，快速掌握相关学说理论的发展及文献的主要内容。在详细阅读实证类文献时可参考以下五要素。

第一，研究主题。研究主题就是对所研究领域内容的现状和发展趋势做出分析，并对研究过程中所涉及的主要内容和方向进行详细说明。研究主题是一篇文章的主旨内容，对经济、政治、文化等类型文献的阅读和分析首先要明确文献的主题，而全文都是围绕主题进行展开讨论的。

第二，使用数据。撰写一篇文章尤其是经济类的文章时，需要在掌握大量数据的前提条件下才能进行。没有数据的文章缺乏说服力，而且对于经济类的文章来说，数据要贯穿于文章的整体，通过数据的深入分析来探究研究对象的行为及其存在原因。

第三，变量分析。研究者在确定研究主题后，需要进一步明确研究内容、研究范围和研究目的。为了进行合理的研究，便于实证资料的收集，还需要进一步明确需要研究的主要变量，尤其是对于自变量和因变量的掌握，是读懂实证类文献的基本要求。

第四，使用方法。在进行一篇文章的写作时，进行数据处理的方法有很多，如线性回归、主成分分析、logit 模型等。利用这些模型和方法可以更好地说明相关变量之间的关系，更清楚地得出实验结论。探究文献中的分析方法并加以掌握运用，对于自己的写作研究有重要意义。

第五，研究结论。研究结论是指对研究的事物进行总结以形成理论结果，其为整篇文章的精髓部分，主要包括：研究结果说明了什么问题，是否实现了原来的假设；研究解决了什么问题，还有哪些问题没有解决；研究结果有了哪些更深一步的发现。研究结论是整个研究过程的结晶，在研究结果分析的基础上，经过推理、判断、归纳可以概括出更深层次的观点或成果。

三、案例分析：现有成果的概括

让我们通过案例，对上述五要素加以进一步了解。我们选取《人口研究》2017 年第 5 期陈卫和段媛媛的《中国老年人的空巢时间有多长？》，做出以下分析。

首先，从题目和摘要中可以看出，该文章研究老年人的空巢时间，因此可将主题界定为“老年人的空巢时间”；其次，从文章的第 2.1 节“数据来源”可以获取文献使用的数据来源；再次，从第 2.2 节“概念界定和状态设定”和第 2.3 节“分析方法”可以获取文献使用的变量与方法；最后，从第 3 节“结果与分析”可以获得文章的研究结论。该文章的五要素如下。

（1）研究主题：老年人的空巢时间。

（2）使用数据：中国健康与养老追踪调查（China Health and Retirement Longitudinal Study，CHARLS）（2011 年和 2013 年）。

（3）变量分析：Y 为转换概率，X_1 为年龄，X_2 为性别，X_3 为城乡，X_4 为教育。

（4）使用方法：多状态生命表法，极大似然估计。

（5）研究结论：空巢预期寿命为 13.8 年；独居预期寿命和夫妻居预期寿命分别为 3.8 年和 10.0 年；初始处于空巢状态的老年人的空巢预期寿命要比处于非空巢状态的老年人约多 6 年。

第二节　宏观分析的数据来源

当今社会正处于大数据发展时代。大数据时代背景下，在互联网、物联网和云计算不断渗透和发展的过程中产生的大量数据需要进行统计与分析。用数据说话，定量实证分析逐渐成为科学研究、企业经营、政府决策等重点分析和预测判断的依据。

对数据进行处理和分析的前提是对数据进行收集。我们将我国经济数据的主要来源分为宏观数据和微观数据。宏观数据来源主要有宏观经济统计数据、行业或部门统计数据、对外经济关系统计数据、社会与人文发展统计数据、收入分配统计数据和国土资源统计数据等。微观数据来源主要有微观企业数据和微观个体数据两个方面。

本节重点介绍三个宏观数据来源并就其如何应用进行细节操作和演示。数据的收集是处理数据的第一个步骤，对数据收集和查询都是为了更好地分析数据。案例采用因子分析的方法，对全国 35 个中心城市的综合发展水平进行分析评价，以更好地展示数据的重要作用。

一、中国知网数据库

（一）基本概况

从事学术研究的人通常都很熟悉“中国知网”这一网站。中国知网是中国知识资源总库，包含外文类、工业类、农业类、医药卫生类、经济类和教育类多种分数据库。其中综合性数据库为中国期刊全文数据库、中国博士学位论文全文数据库、中国优秀硕士学位论文全文数据库、中国重要报纸全文数据库和中国重要会议论文全文数据库，每个数据库都提供初级检索、高级检索和专业检索三种检索功能，其操作简单，数据全面准确，适合专家学者研究参考。

（二）数据查询的步骤

在中国知网首页（http://www.cnki.net）找到“研究学习平台”，点击“大数据研究平台”下的“统计数据”这一选项，如图 1-1 所示。

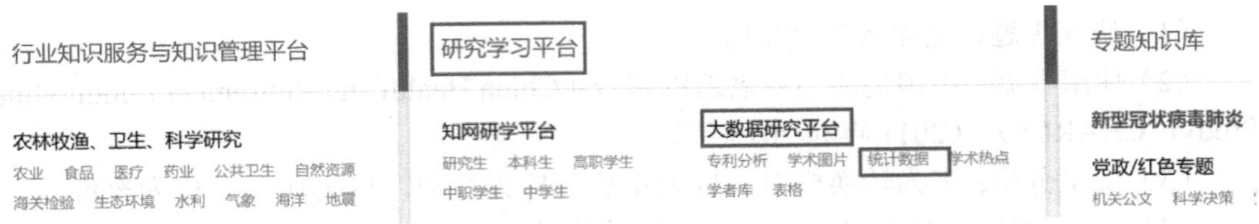

图 1-1　中国知网的首页

进入“统计数据”这一模块之后，会出现如图 1-2 所示页面。本例为演示查找统计年鉴，所以点击“统计资料”栏目下的“统计年鉴”这一选项。

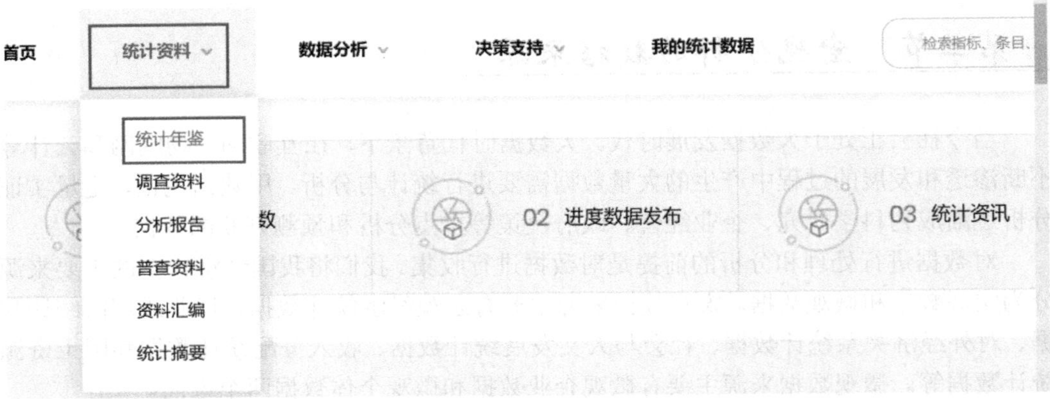

图 1-2　中国知网的统计数据页面

进入统计年鉴模块后，呈现图 1-3 的页面。在搜索栏可以直接点击名称或者搜索关键字。统计年鉴也可按地区或者行业划分，种类多样全面，可供用户自行选择。

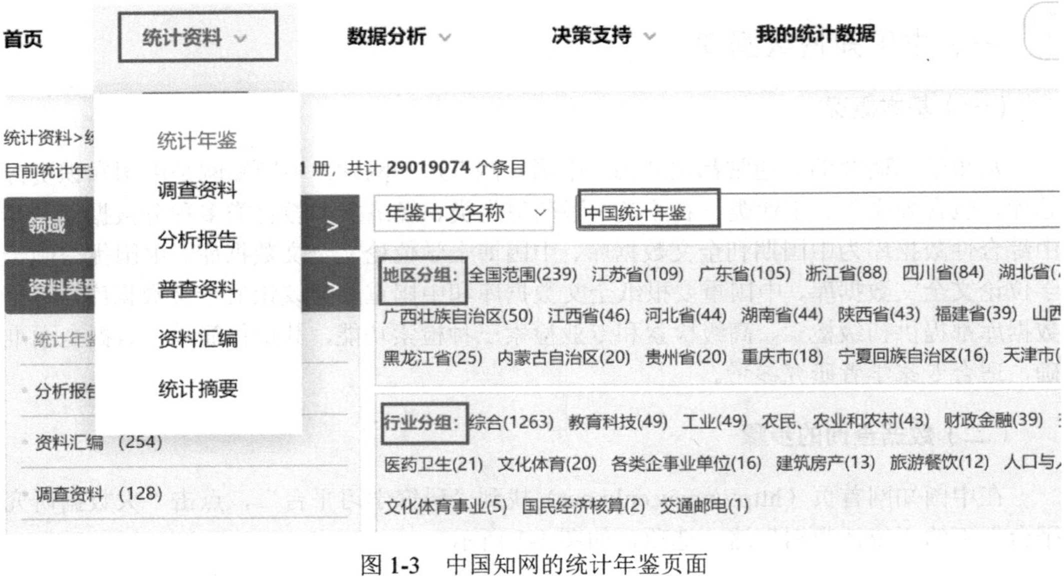

图 1-3　中国知网的统计年鉴页面

二、国家统计局数据库

（一）基本概况

国家统计局数据库官方网址为 http://www.stats.gov.cn/tjsj/。为加快建设现代化服务型统计，更好地服务社会，国家统计局在 2008 年创建的“中国统计数据库”的基础上，于 2013 年建立了新版统计数据库。

国家统计局数据库包含月度、季度、年度数据，以及地区数据、普查数据、国际数据六类统计数据，提供文件输出、制表、绘图、指标解释、表格转置、可视化图表、数据地理信息系统等多种功能。

月度数据主要有价格指数、工业、能源、固定资产投资（不含农户）、服务业生产指数、城镇调查失业率、房地产、国内贸易、对外经济、交通运输、邮电通信、采购经理指数（purchasing managers index，PMI），以及财政和金融方面的数据。季度数据主要有国民经济核算、农业、工业、建筑业、人民生活、价格指数、国内贸易、文化等方面的数据。年度数据包括综合、国内生产总值、人口、就业人员和工资等 28 个领域的数据。地区数据涵盖了全国 31 个省区市及部分城市的主要经济指标。普查数据包括 2000 年、2010 年全国人口普查数据，2004 年、2008 年、2013 年、2018 年全国经济普查数据。国际数据提供了世界众多国家国内生产总值等主要指标的月度及年度数据。该数据库不仅有国家统计局调查统计的各专业领域的主要指标时间序列数据，个人还可以按照需求制作个性化统计图表；既可以提供众多承载历史的统计年鉴资料，还可以使用其可视化统计产品进行数据的可视化操作。

（二）数据查询的步骤

在搜索框输入：指标、地区、时间。例如，查找 2018 年北京市 CPI，可以直接在搜索框输入“2018 北京市 CPI”，如图 1-4 所示。

图 1-4　国家数据首页

点击搜索后会出现 2018 年北京市 CPI 的各项指标结果，包含指标、地区、数据时间、数值、所属栏目、相关报表的具体内容。如果需要查询年度数据，可点击“地区数据”下的“分省年度数据”，如图 1-5 所示。

图 1-5　2018 年北京市 CPI 搜索结果

图 1-6 显示了各年度北京市的 CPI 数据，用户可自行筛选和进行下载。用户还可自行选择其他指标数据进行搜索和查询。

图 1-6　各年度北京市 CPI 数据

三、中经网统计数据库

（一）基本概况

中经网统计数据库内容涵盖宏观经济、行业经济、区域经济及世界经济等，是一个面向社会各界用户提供全面、权威、及时、准确的经济类统计数据信息的基础资料库。中经网统计数据库的网址为 https://db.cei.cn，包括中国经济统计数据库和世界经济统计数据库两大系列。其中，中国经济统计数据库包括以下九个子库：全国宏观月度库、全国宏观年度库、分省宏观月度库、分省宏观年度库、海关月度库、城市年度库、县域年度库、OECD①月度库和 OECD 年度库。中国经济统计数据库提供时间、指标、地区三个维度的

① 经济合作与发展组织（Organisation for Economic Co-operation and Development），简称经合组织（OECD）。

六种组合方式及任意词检索方式，可以实现对所选数据表格进行排序、作图等分析功能。该数据库指标涵盖国内外主要经济指标，数据可快速导出为 Excel 格式，以便于查看分析和导入软件。

（二）数据查询的步骤

河北大学经济学院购买了中经网统计数据库的使用权，供河北大学老师和学生查询参考。学生可使用校园网络，在河北大学经济学院的官网右下方点击链接进入中经网统计数据库，如图 1-7 所示。

图 1-7　河北大学经济学院首页

例如，查询石家庄的统计数据步骤如下：进入中经网统计数据库后，在最左侧栏目依次选择“城市年度库”“河北省”“石家庄市”。然后在中间栏目中，选择需要查询的指标，如图 1-8 所示。

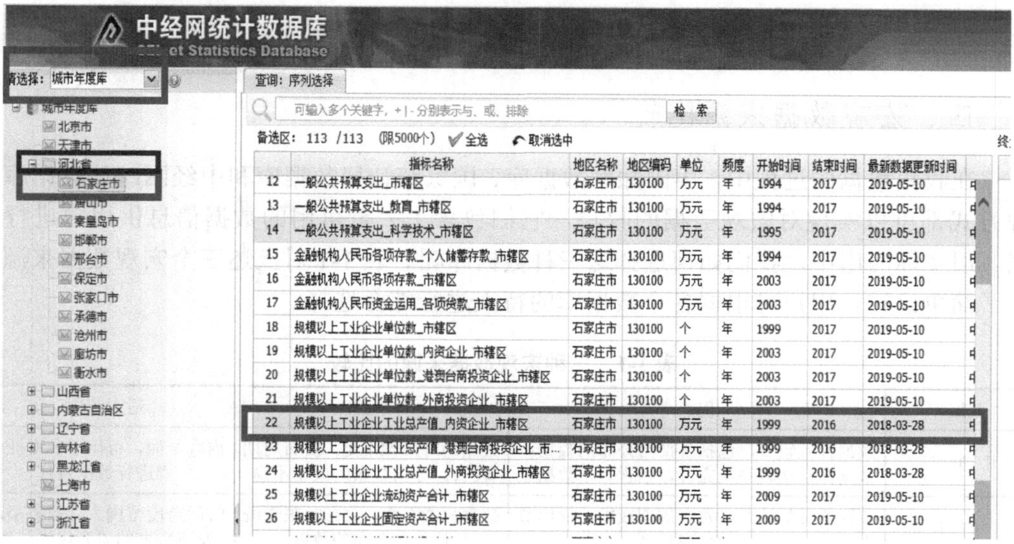

图 1-8　中经网统计数据库数据查询结果

双击需要查找的指标进入相应栏目，也可以在上方的搜索栏直接检索需要查找的指标，点击“检索”按钮查看结果，如图 1-9 所示。

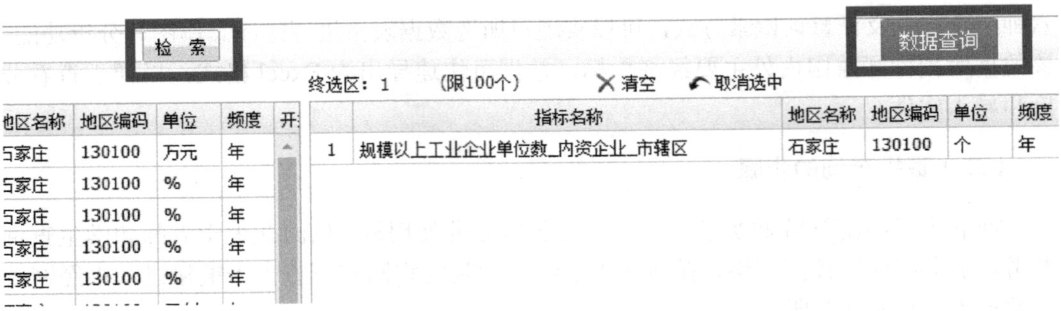

图 1-9 中经网统计数据库的数据查询显示结果

当进入相应栏目时，点击“数据查询”，得到所选地区和所选指标的时间序列数据，进入如图 1-10 所示界面，点击右上角的“导出”按钮，可以将结果保存到本地设备中以供后续对资料进行整理与分析。任何查询到的数据都可以下载到本地使用，这有效提高了数据收集和数据整理的效率。

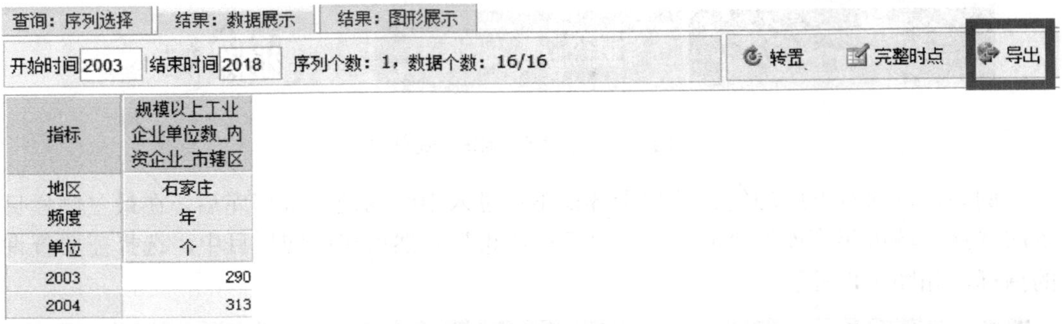

图 1-10 中经网统计数据库数据的导出

四、宏观数据来源比较

在收集数据的过程中，中国知网数据库、国家统计局数据库和中经网统计数据库三种方式都可以实现对宏观数据的收集，它们包含了大量可用的数据信息供用户进行研究。但实际应用中，我们如何选择这三种数据库呢？表 1-1 对上述三个宏观数据来源进行了简单比较，用户可根据各个数据库的特点进行综合选择。

表 1-1 三种宏观数据来源的比较

数据库	优点	缺点	适用范围
中国知网	数据种类较多，包括各部门公布的数据；数据体系比较系统完善，包含整个数据集	数据的时效性不足，发布周期较长；导出数据的效率不高	内容全面，可用于各专业学者进行数据查找
国家统计局	数据的时效性强，发布周期较短，导出数据的效率较高	数据种类有限，大部分限于统计部门公布的数据	时间跨度范围大，需要最近发布数据的研究优先使用
中经网统计数据库	数据内容全面、来源权威、更新及时、质量准确、长度实用、服务专业	需要付费使用	数据源较多，主要适用于经济类研究

五、案例分析：宏观数据

中心城市的综合发展是带动周边地区经济发展的重要动力。在我国经济发展进程中，各个中心城市一直是该地区经济和社会发展的“引路者”。因此，分析评价全国35个中心城市的综合发展水平，无论是对城市自身的发展，还是对周边地区的进步，都具有十分重要的意义。下面应用因子分析模型，选取反映城市综合发展水平的12个指标作为原始变量，运用SPSS软件，对全国35个中心城市的综合发展水平做分析评价。

（一）原始数据及指标解释

我们选取了反映城市综合发展水平的12个指标，其中包括8个社会经济指标、4个城市公共设施水平指标，如表1-2和表1-3所示。

表1-2 城市综合发展水平的8个社会经济指标

变量名称	社会经济指标（单位）
x1	非农业人口数（万人）
x2	工业总产值（万元）
x3	货运总量（万吨）
x4	批发零售住宿餐饮业从业人数（万人）
x5	地方政府预算内收入（万元）
x6	城乡居民年底储蓄余额（万元）
x7	在岗职工人数（万人）
x8	在岗职工工资总额（万元）

表1-3 城市综合发展水平的4个城市公共设施水平指标

变量名称	城市公共设施水平的指标（单位）
x9	人均居住面积（平方米）
x10	每万人拥有公共汽车数（辆）
x11	人均拥有铺装道路面积（平方米）
x12	人均公共绿地面积（平方米）

各指标的选取参考了《中国城市统计年鉴》对指标的设置。数据来源于《中国城市统计年鉴2004》，中心城市综合发展水平数据如表1-4所示。

表1-4 中心城市综合发展水平数据

序号	城市	x1/万人	x2/万元	x3/万吨	x4/万人	x5/万元	x6/万元
1	北京	830.800	38 103 630.00	30 671.14	127.40	5 925 388.00	64 413 910.00
2	天津	549.740	40 496 103.00	34 679.00	15.38	2 045 295.00	18 253 200.00
3	石家庄	331.330	11 981 505.00	10 008.48	8.07	493 429.00	10 444 919.00
4	太原	222.630	5 183 200.00	15 248.11	2.43	333 473.00	6 601 300.00

续表

序号	城市	x1/万人	x2/万元	x3/万吨	x4/万人	x5/万元	x6/万元
5	呼和浩特	97.810	2 407 794.00	4 155.10	2.00	205 779.00	2 554 496.00
6	沈阳	440.600	10 643 612.00	14 635.74	7.30	810 889.00	14 229 575.00
7	长春	313.050	15 115 270.00	10 891.98	6.94	459 709.00	8 313 564.00
8	哈尔滨	454.520	7 215 089.00	9 517.80	24.99	763 600.00	11 536 951.00
9	上海	1 041.390	103 000 000.00	63 861.00	35.22	8 992 850.00	60 546 000.00
10	南京	391.670	25 093 816.00	14 804.68	7.62	1 364 788.00	11 336 202.00
11	杭州	263.670	32 025 226.00	16 815.20	8.36	1 503 888.00	14 664 200.00
12	合肥	160.180	5 348 605.00	4 640.84	3.39	358 694.00	3 592 488.00
13	福州	205.430	12 889 573.00	8 250.39	4.69	674 522.00	8 762 245.00
14	南昌	195.460	4 149 169.00	4 454.45	3.62	314 094.00	4 828 029.00
15	济南	297.210	13 185 425.00	14 354.40	6.60	761 054.00	7 583 525.00
16	郑州	249.720	9 270 494.00	7 846.91	8.77	658 737.00	10 484 859.00
17	武汉	474.980	13 344 938.00	16 610.34	13.58	804 368.00	12 855 341.00
18	长沙	205.830	5 339 304.00	10 630.50	6.31	598 930.00	7 048 500.00
19	广州	493.320	40 178 324.00	28 859.45	21.47	2 747 707.00	37 273 276.00
20	南宁	167.990	2 083 763.00	5 893.09	4.95	362 435.00	4 514 961.00
21	海口	76.050	2 025 643.00	3 304.40	2.72	122 541.00	2 843 664.00
22	成都	386.230	9 700 976.00	28 798.20	8.06	895 752.00	14 944 197.00
23	贵阳	165.270	3 569 419.00	5 317.55	5.75	403 855.00	3 449 487.00
24	昆明	205.340	5 809 573.00	12 337.86	7.07	601 101.00	7 085 278.00
25	西安	312.880	6 386 627.00	9 392.00	12.21	648 037.00	12 105 607.00
26	兰州	175.540	5 215 490.00	5 580.80	3.70	205 660.00	4 683 830.00
27	西宁	105.130	1 148 959.00	2 037.15	1.24	84 397.00	1 749 293.00
28	银川	79.200	1 464 867.00	2 127.17	1.65	122 605.00	1 930 771.00
29	乌鲁木齐	142.940	3 110 943.00	12 754.02	3.94	409 119.00	4 203 000.00
30	大连	297.480	15 468 641.00	21 081.47	6.60	1 105 405.00	13 101 986.00
31	宁波	168.810	26 302 862.00	13 797.38	4.80	1 394 162.00	10 596 339.00
32	厦门	83.740	13 201 500.00	3 054.82	2.83	701 456.00	3 971 559.00
33	青岛	329.960	25 588 695.00	30 552.60	6.72	1 201 398.00	9 084 693.00
34	深圳	122.390	52 451 037.00	6 792.66	10.84	2 908 370.00	21 994 500.00
35	重庆	753.920	15 889 928.00	32 450.20	12.83	1 615 618.00	18 965 569.00

序号	城市	x7/万人	x8/万元	x9/米 ^{2}	x10/辆	x11/米 ^{2}	x12/米 ^{2}
1	北京	434.15	10 989 365.00	15.00	17.30	8.56	44.94
2	天津	174.50	3 254 148.00	18.00	7.99	7.23	17.45
3	石家庄	86.74	1 067 432.00	18.00	7.23	8.28	21.56
4	太原	74.55	945 212.00	16.00	5.06	7.88	20.58
5	呼和浩特	28.90	407 963.00	18.00	3.81	8.92	26.58
6	沈阳	101.70	1 521 548.00	15.00	9.32	6.70	28.36

续表

序号	城市	x7/万人	x8/万元	x9/米 ^{2}	x10/辆	x11/米 ^{2}	x12/米 ^{2}
7	长春	89.70	1 244 167.00	15.00	11.87	7.03	18.75
8	哈尔滨	168.83	2 102 165.00	14.00	12.75	6.34	18.51
9	上海	281.51	7 686 511.00	19.00	14.57	12.92	19.11
10	南京	87.91	1 950 742.00	16.00	9.06	12.13	136.72
11	杭州	75.72	1 867 776.00	17.00	8.93	6.50	23.19
12	合肥	37.88	526 577.00	17.00	14.11	15.72	28.74
13	福州	71.30	1 073 262.00	18.00	9.65	7.90	31.60
14	南昌	49.79	692 717.00	17.00	7.37	7.67	23.98
15	济南	78.38	1 256 160.00	19.00	7.77	10.62	19.54
16	郑州	83.99	1 137 056.00	19.00	10.11	7.63	17.77
17	武汉	136.08	1 868 350.00	17.00	6.87	4.16	8.34
18	长沙	60.04	1 019 924.00	18.00	10.09	9.10	29.10
19	广州	182.16	5 247 087.00	17.00	11.16	12.76	178.76
20	南宁	50.79	668 976.00	18.00	9.91	9.32	35.12
21	海口	22.97	340 392.00	20.00	5.09	7.07	15.79
22	成都	124.03	1 894 496.00	17.00	8.95	10.17	25.59
23	贵阳	54.53	664 234.00	16.00	9.37	3.11	105.35
24	昆明	73.34	1 045 469.00	15.00	15.33	4.49	23.33
25	西安	113.73	1 535 896.00	15.00	7.32	4.48	8.82
26	兰州	54.91	740 661.00	15.00	10.33	6.30	11.22
27	西宁	20.60	301 364.00	17.00	11.47	4.92	14.20
28	银川	29.12	393 035.00	15.00	9.26	10.43	40.21
29	乌鲁木齐	47.42	782 873.00	19.00	22.89	6.49	20.53
30	大连	82.13	1 442 215.00	14.00	13.79	6.24	40.21
31	宁波	59.88	1 418 635.00	17.00	9.88	6.81	17.65
32	厦门	54.78	1 042 111.00	20.00	15.50	8.15	26.44
33	青岛	104.55	1 603 305.00	15.00	14.78	11.41	35.78
34	深圳	104.98	3 259 900.00	21.00	114.91	47.29	177.62
35	重庆	203.79	2 535 070.00	21.00	4.94	4.24	10.80

（二）运算结果

将标准化后的数据导入 SPSS 软件后，点击主界面菜单栏中的“分析”按钮，然后选择“降维”子菜单，选择右侧具体选项中的“因子”，如图 1-11 所示。

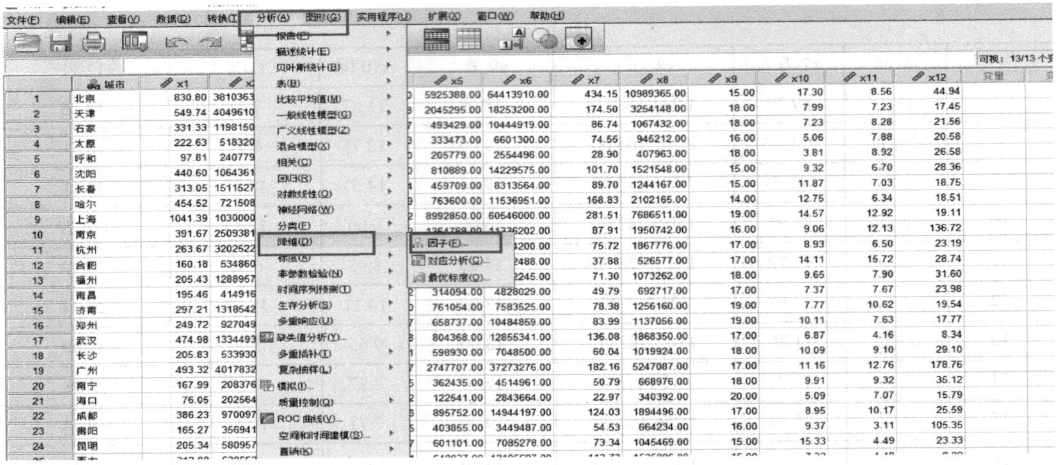

图 1-11 因子分析的菜单操作

进入因子分析对话框，把 12 个指标选入变量中，如图 1-12 所示。

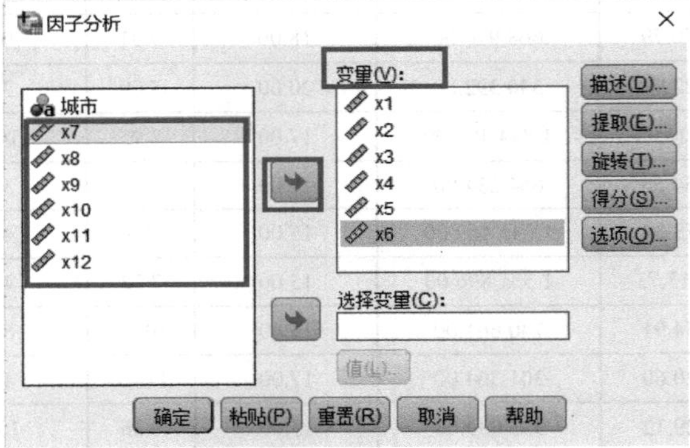

图 1-12 因子分析的变量设置

将变量全部放置在变量栏中后，如图 1-13 所示，选择右侧的“描述”按钮，选中“KMO 和巴特利特球形度检验”，呈现表 1-5 的结果。

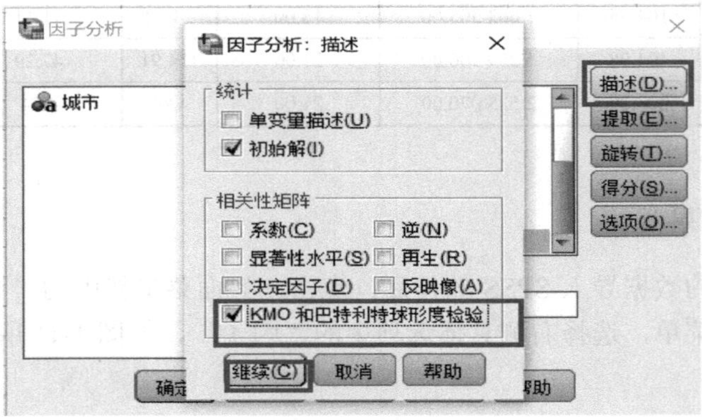

图 1-13 因子分析的描述设置

表 1-5 KMO 和巴特利特球形度检验结果

项目		数值
取样足够度的 KMO 度量		0.723
巴特利特球形度检验	近似卡方	678.796
	df（自由度）	66
	Sig（差异性显著的检验值）	0.000

注：KMO 表示 Kaiser-Meyer-Olkin

从表 1-5 可以看出，KMO 检验偏相关系数，其值为 0.723，大于 0.5，表明指标间相关性较强。巴特利特球形度检验统计量 Sig<0.01，表明相关系数矩阵与单位矩阵差异显著，适用于因子分析。

选择完成后，点击下方“继续”按钮（图 1-13），然后选择右侧“提取”按钮，进入具体操作页面。在“方法”选项中选择“主成分”（这时，因子分析等同于主成分分析，如果是主成分分析，则只能选择此项）。用户可自行选择分析和输出项，如图 1-14 所示。

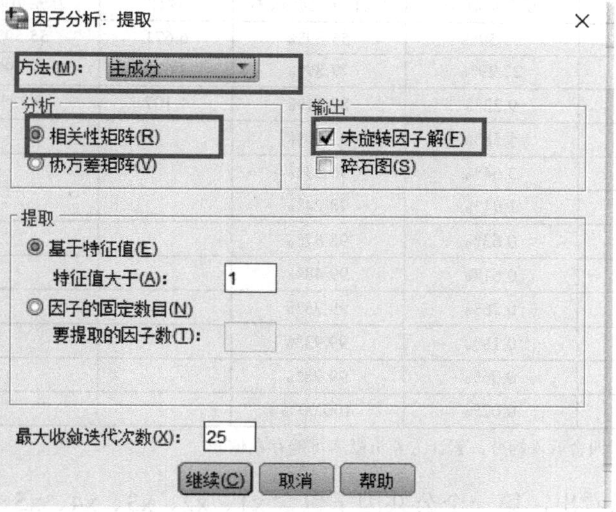

图 1-14 因子分析的提取方法设置

选择“继续”后，在数据框中选择“确定”，得到如表 1-6 和表 1-7 所示结果。从表 1-6 可以看到除 x9 和 x12 外，公共因子包含了各个原始变量 80%以上的信息。

表 1-6 公共因子方差

变量	初始	提取
x1	1.000	0.898
x2	1.000	0.864
x3	1.000	0.843
x4	1.000	0.825
x5	1.000	0.934

续表

变量	初始	提取
x6	1.000	0.974
x7	1.000	0.934
x8	1.000	0.971
x9	1.000	0.748
x10	1.000	0.867
x11	1.000	0.921
x12	1.000	0.675

从表 1-7 可以看出，前三个公共因子的累计方差贡献率达到 87.11%。根据前面选择的特征值大于 1 的原则，取前三个公共因子进行因子分析。

表 1-7 解释的总方差

成分	初始特征值			提取平方和载入		
	合计	方差贡献率	累计方差贡献率	合计	方差贡献率	累计方差贡献率
1	6.671	55.59%	55.59%	6.671	55.59%	55.59%
2	2.675	22.29%	77.89%	2.675	22.29%	77.88%
3	1.107	9.22%	87.11%	1.107	9.22%	87.11%
4	0.670	5.58%	92.69%			
5	0.437	3.64%	96.33%			
6	0.229	1.91%	98.24%			
7	0.760	0.63%	98.87%			
8	0.730	0.61%	99.48%			
9	0.320	0.26%	99.75%			
10	0.210	0.18%	99.93%			
11	0.007	0.06%	99.98%			
12	0.002	0.02%	100.00%			

注：本表数据进行了四舍五入约分，累计方差贡献率可能存在偏差

从表 1-8 可以看出，第一个公共因子包含 x1、x2、x3、x4、x5、x6、x7 和 x8 八个变量，第二个公共因子包含 x10、x11 和 x12 三个变量，第三个公共因子仅包括 x9 一个变量，由此得到因子载荷矩阵，列出公共因子和变量之间的线性关系方程。

表 1-8 成分矩阵

变量	成分		
	F1	F2	F3
x1	0.878	−0.325	0.143
x2	0.854	0.254	0.265
x3	0.830	−0.210	0.330
x4	0.789	−0.203	−0.403
x5	0.956	0.062	0.130
x6	0.984	−0.032	−0.058

续表

变量	成分		
	F1	F2	F3
x7	0.933	−0.207	−0.143
x8	0.971	−0.039	−0.163
x9	0.059	0.465	0.727
x10	0.207	0.898	−0.131
x11	0.243	0.927	−0.052
x12	0.241	0.698	−0.359

从图 1-15 的碎石图看出，三个公共因子之后，特征值趋于平坦，这进一步印证了表 1-7 中取三个公共因子的结论。

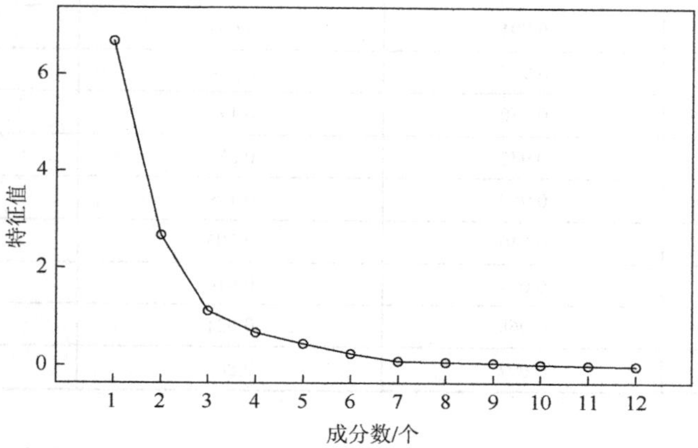

图 1-15　碎石图

如果得到的未旋转公共因子的实际意义不容易解释，可以对公共因子进行方差最大化正交旋转。在因子分析对话框中，点击“旋转”按钮，选中“最大方差法”进行方差最大化正交旋转，如图 1-16 所示。

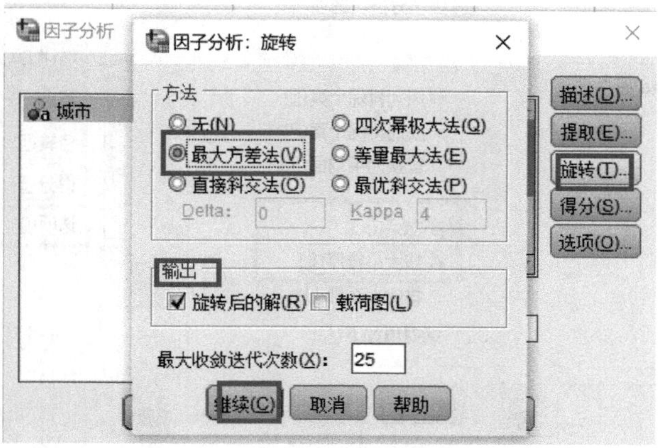

图 1-16　因子分析的旋转方法设置

根据表 1-9 的结果，可得出线性方程。原变量 x1 可由三个公共因子表示为

$$x1=0.929F1-0.183F2+0.039F3$$

原变量 x2 可由各因子表示为

$$x2=0.806F1+0.309F2+0.344F3$$

其他变量以此类推。

表 1-9 旋转后的成分矩阵

变量	成分		
	F1	F2	F3
x1	0.929	−0.183	0.039
x2	0.806	0.309	0.344
x3	0.870	−0.147	0.253
x4	0.791	0.091	−0.437
x5	0.934	0.194	0.155
x6	0.970	0.174	−0.053
x7	0.947	0.030	−0.191
x8	0.952	0.199	−0.155
x9	0.010	0.205	0.840
x10	0.034	0.914	0.175
x11	0.068	0.921	0.259
x12	0.092	0.809	−0.106

为直观上易于观察和提取，在因子分析主对话框中点击“选项”按钮进入选项对话框，在“系数显示格式”框中选中“按大小排序”，使输出的载荷矩阵中各列按载荷系数大小排列。这样在同一个公共因子上具有较高载荷的变量会排在一起，具体操作如图 1-17 所示。

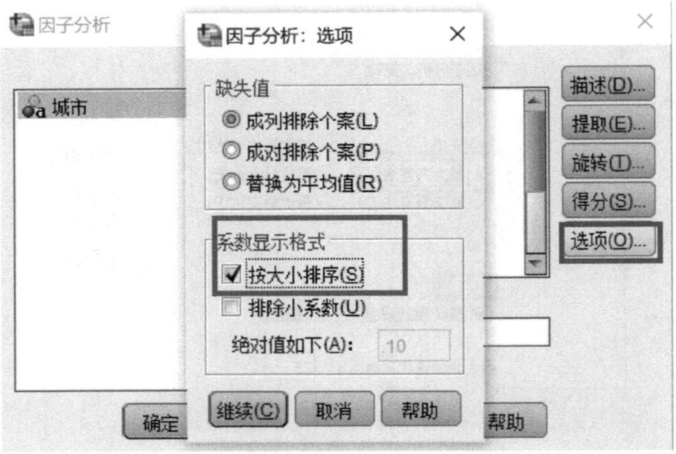

图 1-17 因子分析的系数显示格式设置

排序后的旋转成分矩阵结果如表 1-10 所示。从表 1-10 可以看出，公共因子 F1 在 x1～x8 上的载荷比较大，公共因子 F2 在 x10～x12 上的载荷比较大，公共因子 F3 仅在 x9 上的载荷比较大。这样原有 12 项指标被分配到 3 个公共因子中，根据指标的含义对 3 个公共因子进行命名。

表 1-10　排序后的旋转成分矩阵

变量	成分		
	F1	F2	F3
x6	0.970	0.174	−0.053
x8	0.952	0.199	−0.155
x7	0.947	0.030	−0.191
x5	0.934	0.194	0.155
x1	0.929	−0.183	0.039
x3	0.870	−0.147	0.253
x2	0.806	0.309	0.344
x4	0.791	0.091	−0.437
x11	0.068	0.921	0.259
x10	0.034	0.914	0.175
x12	0.092	0.809	−0.106
x9	0.010	0.205	0.840

计算因子得分，在“因子分析”主对话框中点击“得分”按钮，勾选“保存为变量”，方法选择“回归”，并选择下方“显示因子得分系数矩阵”计算因子得分，如图 1-18 所示。

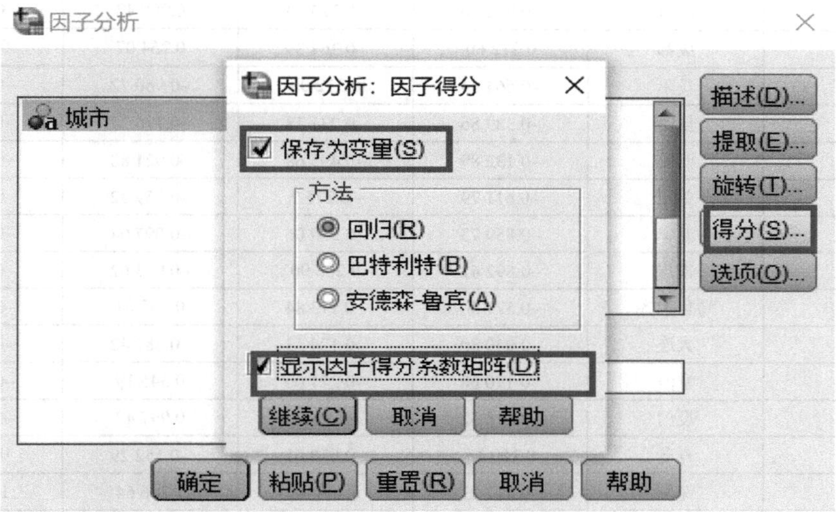

图 1-18　SPSS 中因子分析操作步骤一

根据表 1-7 中各个公共因子的方差贡献率，以各公共因子的方差贡献率占三个公共因子累计方差贡献率的比重作为权重进行加权汇总，得出各城市的综合得分 F，$F=(55.59\text{F1}+22.29\text{F2}+9.22\text{F3})/87.11$。计算各城市综合得分，如表 1-11 所示。

表 1-11 因子分析运行结果

序号	城市	F1	F2	F3	F
1	北京	3.373 78	0.490 45	−3.042 48	1.956 48
2	天津	0.954 62	−0.653 91	0.962 44	0.543 74
3	石家庄	−0.216 30	−0.330 51	0.348 79	−0.185 69
4	太原	−0.388 28	−0.386 51	−0.250 36	−0.373 18
5	呼和浩特	−0.792 15	−0.193 51	0.259 01	−0.527 62
6	沈阳	0.007 80	−0.328 40	−0.679 48	−0.150 97
7	长春	−0.231 57	−0.240 54	−0.649 78	−0.278 10
8	哈尔滨	0.151 22	−0.222 01	−1.586 73	−0.128 25
9	上海	3.582 55	−0.456 91	2.455 61	2.429 23
10	南京	−0.004 43	0.853 87	−0.615 28	0.150 54
11	杭州	0.093 75	−0.306 26	0.358 58	0.019 41
12	合肥	−0.724 69	0.350 99	−0.009 00	−0.373 61
13	福州	−0.379 22	−0.135 33	0.326 24	−0.242 10
14	南昌	−0.617 26	−0.217 52	−0.112 74	−0.461 50
15	济南	−0.203 62	−0.283 78	0.882 65	−0.109 13
16	郑州	−0.295 28	−0.288 55	0.604 59	−0.198 28
17	武汉	0.213 38	−0.728 38	0.004 67	−0.049 72
18	长沙	−0.439 15	−0.130 69	0.297 71	−0.282 18
19	广州	1.128 51	1.255 36	−0.577 67	0.980 25
20	南宁	−0.638 22	−0.024 24	0.172 72	−0.395 21
21	海口	−0.812 90	−0.375 73	0.968 42	−0.512 40
22	成都	0.212 60	−0.364 39	0.254 07	0.069 32
23	贵阳	−0.664 64	0.312 05	−0.960 72	−0.445 98
24	昆明	−0.389 86	−0.231 18	−0.776 27	−0.390 11
25	西安	−0.132 89	−0.495 68	−0.921 88	−0.309 22
26	兰州	−0.611 79	−0.275 7	−0.759 32	−0.541 33
27	西宁	−0.859 73	−0.299 06	−0.097 04	−0.635 44
28	银川	−0.892 42	0.206 90	−0.913 62	−0.613 26
29	乌鲁木齐	−0.571 50	−0.113 84	0.735 64	−0.315 97
30	大连	−0.040 30	−0.124 53	−0.882 42	−0.150 98
31	宁波	−0.170 68	−0.271 60	0.345 19	−0.141 88
32	厦门	−0.613 32	0.010 69	0.997 42	−0.283 09
33	青岛	0.160 15	−0.038 01	−0.152 29	0.076 36
34	深圳	−0.117 22	5.194 98	1.266 64	1.388 57
35	重庆	0.929 06	−1.158 50	1.746 67	0.481 32

以 F1 因子得分为 X 轴、F2 因子得分为 Y 轴作图，得到各城市的因子得分，操作步骤如下，在工具栏中选择“图形”然后在弹出的对话框中选择“旧对话框”中的“散点图/点图”，如图 1-19 所示。

图 1-19　SPSS 中因子分析操作步骤二

选择“散点图/点图”中的“简单散点图”并在弹出的对话框中，分别选择 F1 和 F2 为 X 轴和 Y 轴，如图 1-20 所示，显示结果如图 1-21 所示。

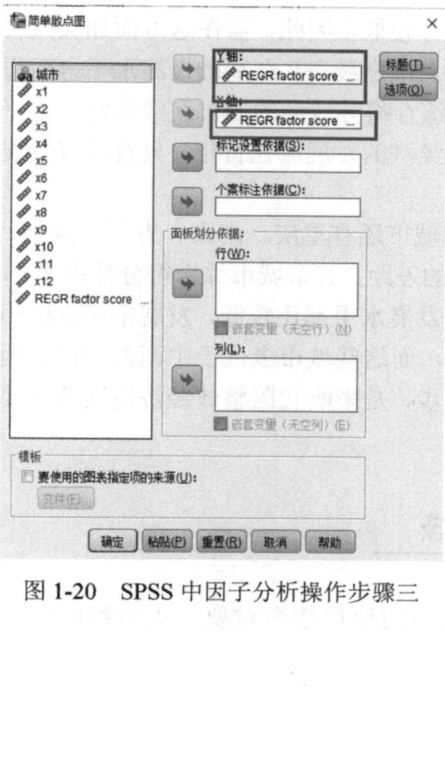

图 1-20　SPSS 中因子分析操作步骤三

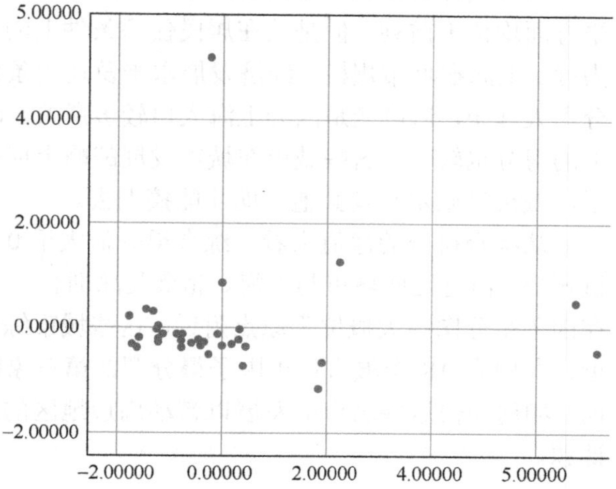

图 1-21　操作结果显示图

（三）结论分析

公共因子F1在x1～x8上的载荷比较大，公共因子F2在x10～x12上的载荷比较大，公共因子F3在x9上的载荷比较大。F1是反映城市规模及经济发展水平的公共因子，这个因子上的得分越高，城市经济发展水平越高，城市规模越大；F2是反映城市基础设施水平的公共因子，此因子上的得分反映了一个城市的基础设施水平；F3是反映城市居民住房条件的公共因子。

有了对各个公共因子合理的解释，结合各个城市在三个公共因子上的得分和综合得分，就可对各中心城市的综合发展水平进行评价了。在F1上得分最高的前五个城市依次是上海、北京、广州、天津和重庆，其中，上海的得分约为3.58，北京的得分约为3.37，都远高于其他城市。就城市规模、经济发展水平而言，上海、北京是我国一线城市，且其规模远大于其他城市。城市规模较小、经济发展相对较慢的城市有西宁和银川，而海口由于城市规模小，在F1上的得分也较低。

深圳、广州和南京在F2上的得分较高，而重庆、武汉得分较低，说明深圳、广州、南京的基础设施水平在全国是较好的，而重庆等城市的基础设施水平相对较差，还需要下大力气进行改善。上海、重庆、深圳等城市在F3上的得分比较高，说明在居民住房条件上面要优于其他城市，北京、哈尔滨等则需要进行改善。

从总体评价上来看，可将各城市在三个因子上的得分进行加权综合，就得到综合得分。根据综合得分就可综合评价城市的发展水平。综合得分前五名的城市依次是上海、北京、深圳、广州和天津；综合得分排名靠后的五个城市依次是西宁、银川、兰州、呼和浩特和海口。

从分类评价来看，根据各因子得分，北京在城市规模、经济发展水平和基础设施水平方面均位于前列，但是其在居民住房条件上的得分较低，因此，需在这方面加大改善力度。上海在城市规模、经济发展水平及住房条件上得分最高，在基础设施水平方面得分不太理想，这可能是因为上海人口较多所致。而综合得分较低的城市在经济发展水平上的得分也较低，这些城市在城市发展战略上应把经济的发展放在首位，只有经济发展了，城市设施水平及其他方面才能搞上去。

从综合得分的净值来看，综合得分值大于0的城市还有重庆、南京、青岛、成都、杭州等。但是这些城市与上海、北京及深圳有一定的差距；其余城市综合得分都小于0，在因子得分图中大概位于原点附近，这些城市综合发展水平都还较低，发展格局也较相近，其中有18个城市位于因子得分图的第三象限，而这些城市多位于中西部地区。因而，如何加快这些城市的发展以带动周边地区的进步，是影响我国整体经济发展的重要课题。

第三节　微观企业分析的数据来源

经济学的量化趋势使数据在日常经济学研究中的地位逐渐重要。大数据时代专家学者对数据的需求趋于多样化，宏观数据库虽然涉及面广、可显示内容多，但对某一专门领域数据却难以全面涉猎，不能满足学者对微观层面数据的需求。微观企业数据更新频率高，有时以秒、日、周、月为周期，上市公司的金融交易数据和财务数据也可以查询到。本节主要介绍几个在经济领域中比较完善的微观企业数据库，供用户进行参考和查询。

一、从证券交易机构的官方网站获取交易数据

对于金融类研究学者而言，证券交易数据复杂、更新速度快，各上市公司每日的交易数额变动幅度大。对于这些数据的获取，通过宏观数据库难以找到合适对应的数据。这里首先考虑从证券交易的官方网站获取交易数据。下面以上海证券交易所和深圳证券交易所为例，演示交易数据获取的具体步骤。

（一）上海证券交易所

上海证券交易所成立于1990年11月26日，受中国证券监督管理委员会（以下简称证监会）监督和管理。上海证券交易所致力于创造透明、开放、安全、高效的市场环境，主要职能包括：提供证券集中交易的场所、设施和服务；制定和修改上海证券交易所的业务规则；审核、安排证券上市交易，决定证券终止上市和重新上市等；提供非公开发行证券转让服务；组织和监督证券交易；组织实施交易品种和交易方式创新；对会员进行监管；对证券上市交易公司及相关信息披露义务人进行监管；对证券服务机构为证券发行上市、交易等提供服务的行为进行监管；管理和公布市场信息；开展投资者教育和保护；法律、行政法规规定的及中国证监会许可、授权或者委托的其他职能。

进入“上海证券交易所”官方网站后，点击页面中间的“产品”这一模块，会出现如图1-22的页面，选择“股票与存托凭证”下的“股票列表”这一选项。

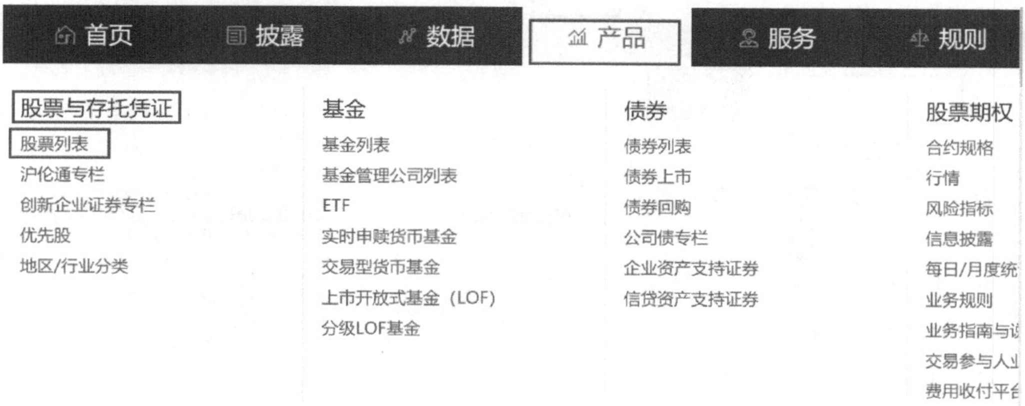

图1-22 上海证券交易所首页

在进入“股票列表”后会出现如图 1-23 的界面，可以在搜索框中输入想要查询的“公司代码”，或者选择股票中的地区/行业分类。然后点击“查询”按钮，就会出现一系列关于该股票的基本信息，如代码、简称和上市公司全称等。

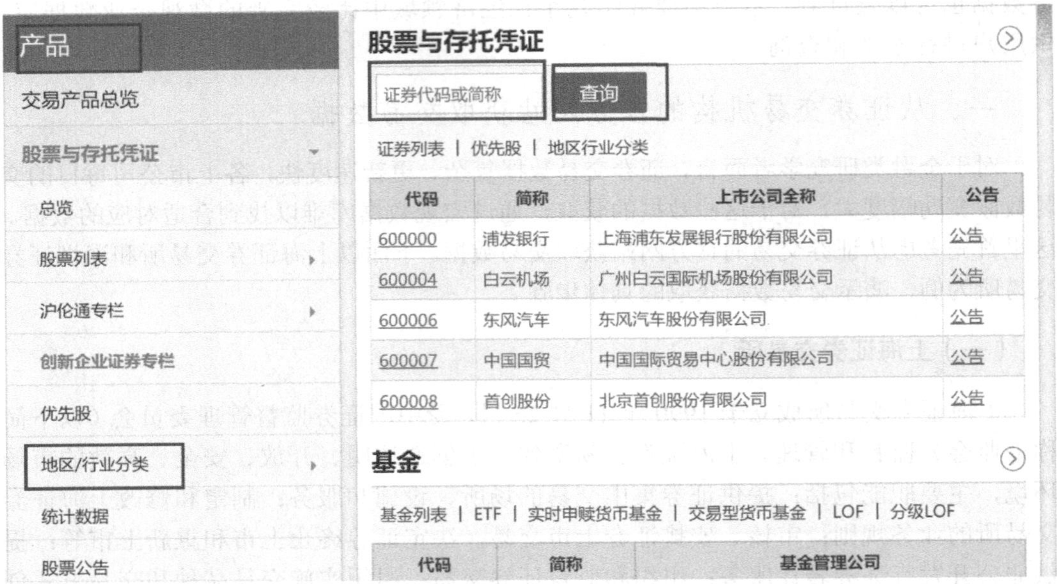

图 1-23　查询数据页面

点击进入所选择的公司，会出现该公司的基本信息数据，可查询到公司概况、股本结构、筹资情况和利润分配等。为了解该公司的股票行情，可以点击“成交概况”，输入所要查询的日期，即可查询当天的交易情况，如图 1-24 所示。

图 1-24　成交概况页面

（二）深圳证券交易所

深圳证券交易所于1990年12月1日开始营业，是经国务院批准设立的全国性证券交易场所，受中国证监会监督管理。深圳证券交易所履行市场组织、市场监管和市场服务等职责，主要包括：提供证券集中交易的场所、设施和服务；制定和修改本所的业务规则；审核、安排证券上市交易，决定证券暂停上市、恢复上市、终止上市和重新上市；提供非公开发行证券转让服务；组织和监督证券交易；组织实施交易品种和交易方式创新；对会员进行监管；对证券上市交易公司及相关信息披露义务人进行监管；对证券服务机构为证券上市、交易等提供服务的行为进行监管；设立或者参与设立证券登记结算机构；管理和公布市场信息；开展投资者教育和保护；法律、行政法规规定的以及中国证监会许可、授权或者委托的其他职能。

在深圳证券交易所的官方网站首页，点击“市场数据”这一栏，界面会呈现出11个模块，然后点击“产品目录”模块中的“股票”这一选项，如图1-25所示。

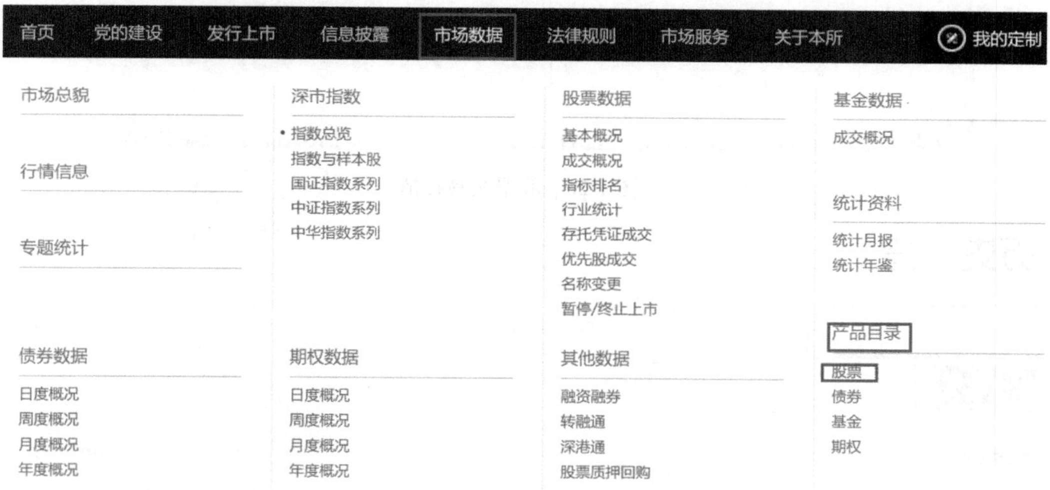

图1-25 深圳证券交易所首页

点击进入“股票”后，直接输入证券代码，查看某公司的股票，就会出现所选股票的基本信息和当天的股票交易走势，如图1-26所示。

点击“查看更多行情”后会出现如图1-27所示页面，用户可以选择自行输入“代码或简称”查询具体一只股票，输入具体日期可以查询某一天的股票，点击“查询”按钮后会显示交易量涨跌情况、收开盘价和市盈率等信息，供用户参考使用。

二、从证券交易机构的官方网站获取定期报告数据

一家上市公司的定期报告是以固定时间为周期对上市公司的运营和发展状况的详细总结，是对某个公司经营状况的真实反映，包括公司概况，主要经营业务，持有资金，各种财务信息的摘要及报告，资产负债表、利润表、损益表等附加表格。定期报

告是预测某一企业经济的未来发展或以企业为调查对象进行学术研究的重要数据来源，其数据涵盖范围广，方便查找和使用。我们以上海证券交易所和深圳证券交易所的官方网站为例来演示定期报告数据查询。

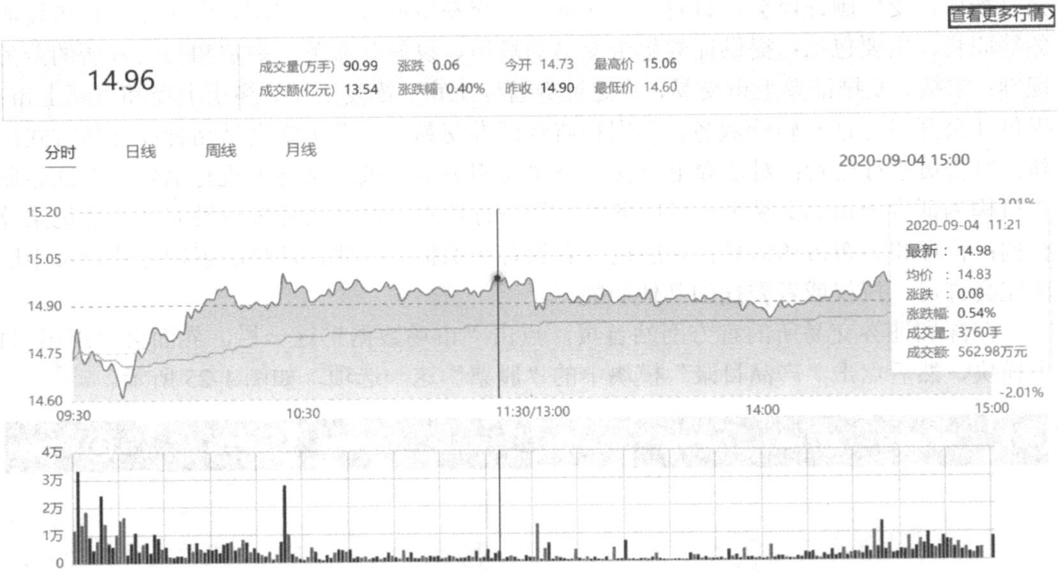

图 1-26 股票交易行情

历史行情

000001 2020-09-04 ▼ 2020-09-04 ▼ ◉股票 ○基金 ○债券 ○债券回购 ○权证

查询

股票行情 2020-09-04 到 2020-09-04 下载

交易日期	证券代码	证券简称	前收	今收	升跌(%)	成交金额(万元)
2020-09-04	000001	平安银行	14.90	14.96	0.40	135,35
2020-09-04	000002	万 科A	27.81	28.07	0.93	228,72
2020-09-04	000004	国农科技	24.26	24.37	0.45	6,15
2020-09-04	000005	世纪星源	2.94	2.95	0.34	2,26
2020-09-04	000006	深振业A	6.08	6.16	1.32	13,81
2020-09-04	000007	全新好	9.05	9.25	2.21	6,52
2020-09-04	000008	神州高铁	3.03	3.04	0.33	4,08
2020-09-04	000009	中国宝安	7.42	7.29	-1.75	37,45

图 1-27 股票历史行情

（一）上海证券交易所

在上海证券交易所的官方网站中，选择“披露”这一选项，找到“上市公司信息”这一板块点击“定期报告”，如图 1-28 所示。

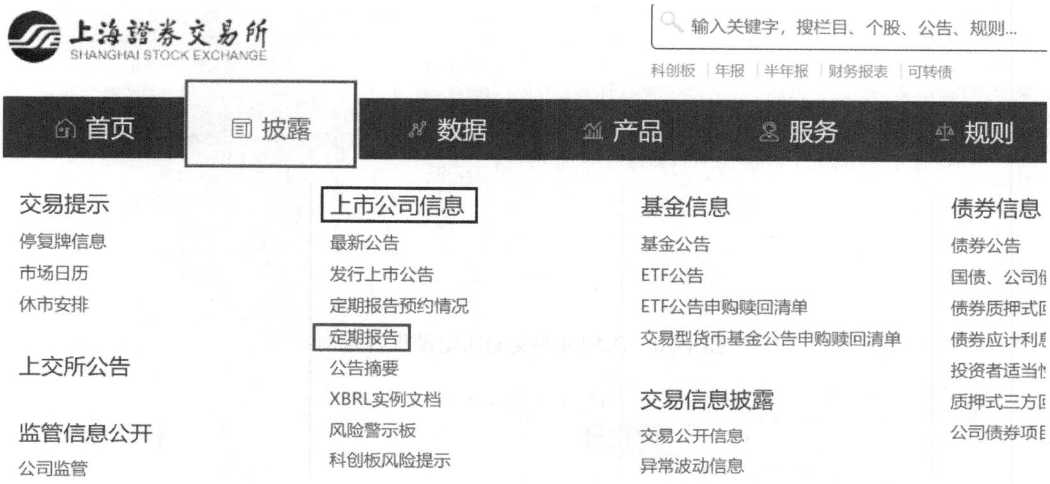

图 1-28　上海证券交易所定期报告查询

在定期报告界面，输入证券代码和起止时间，点击“查询”按钮。选择需要查询的定期报告，点击并进行查看，如图 1-29 所示。

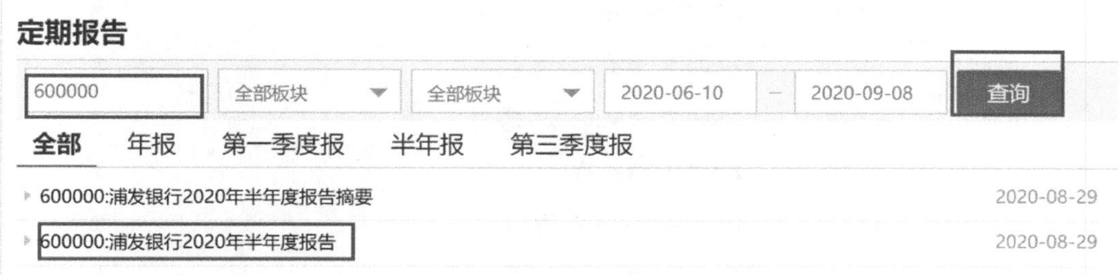

图 1-29　上海证券交易所查询结果显示页面

（二）深圳证券交易所

在深圳证券交易所首页点击“信息披露”，出现九个信息板块，选择“上市公司信息”中的“定期报告”，如图 1-30 所示。

在定期报告界面，输入证券代码和起止时间，点击“查询”按钮。选择需要查询的定期报告，点击右侧下载箭头即可将其保存到本地设备中，如图 1-31 所示。

图 1-30 深圳证券交易所定期报告查询

图 1-31 深圳证券交易所查询结果显示页面

三、Wind 数据库

（一）基本概况

在金融财经数据领域，Wind 数据库包含在 Wind 资讯中，是国内以金融证券数据为核心的一流的大型金融工程和财经数据仓库。其数据内容涵盖股票、基金、债券、外汇、保险、期货、金融衍生品、现货交易、宏观经济、财经新闻等领域，其信息内容会在第一时间进行更新以满足机构投资者的需求。

针对金融业的投资机构、研究机构、学术机构、监管部门机构等不同类型客户的需求，Wind 资讯开发了一系列围绕信息检索、数据提取与分析、投资组合管理应用等领域的专业分析软件与应用工具。通过这些终端工具，用户可以从 Wind 资讯获取及时、准确、完整的财经数据、信息和各种分析结果。

Wind 数据库精于数据，以数据为起点，Wind 资讯紧密跟随金融市场日新月异的发展，不断向新的领域发展，新的产品和服务战略不断在延伸。对于金融专业学者来说，Wind 数据库是一个非常重要的数据资源。

（二）数据查询的步骤

在 Wind 数据库平台上，点击“指数”这一选项，会出现相关指数模块。点击“股票/基金指数”中的“上证股票指数”进行数据查询。用户也可自行选择所要查询的内容，如图 1-32 所示。

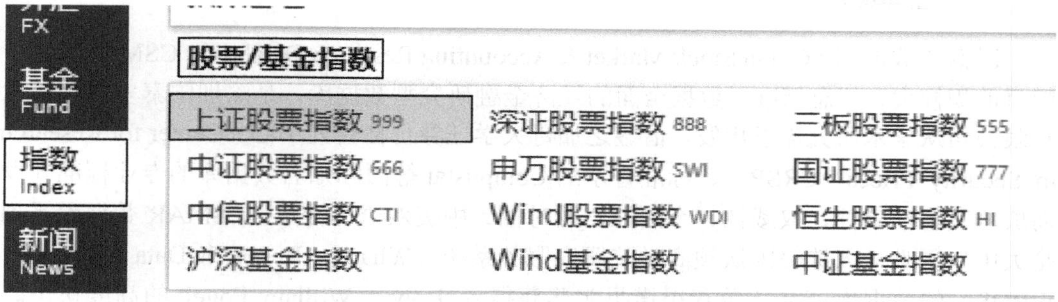

图 1-32　Wind 数据库首页

在上证股票指数中观察每个指数的代码和名称，找到“上证指数”这一选项，右键选择“深度资料”，如图 1-33 所示。

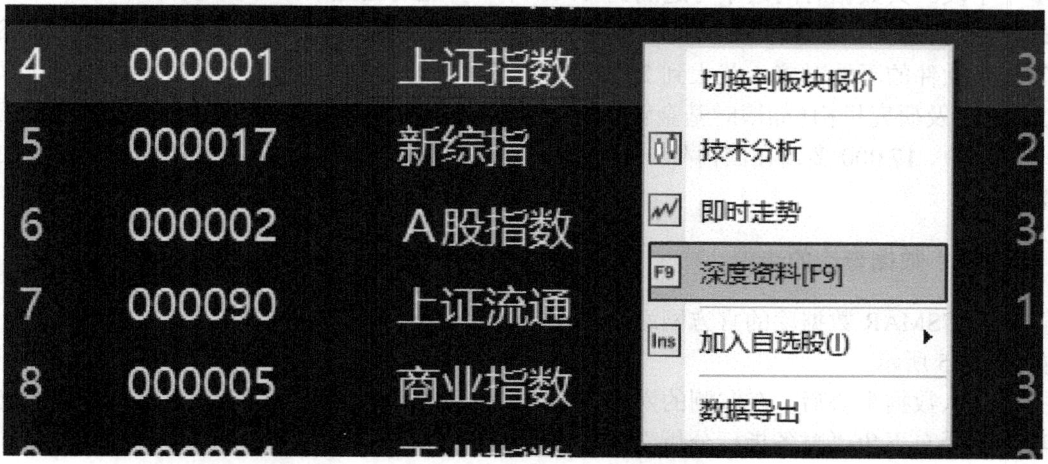

图 1-33　上证指数查询结果

然后在左侧的系统栏目中选择“行情统计”这一选项，会出现图 1-34 页面中的右边的这一系列数据。在输入框中可以设置时间、数据频率和小数位数。在右上角点击导出箭头，可以导出相关数据。

图 1-34 上证指数查询具体结果显示

四、国泰安数据库

（一）基本概况

国泰安数据库（China Stock Market & Accounting Research Database，CSMAR）是中国目前规模大、信息精准、数据全面的经济金融研究型数据库，是深圳国泰安教育技术有限公司从学术研究需求出发，借鉴芝加哥大学证券价格研究中心（Center for Research in Security Prices，CRSP）、标准普尔的 Compustat 等国际知名数据库的专业标准开发而成，具有准确性、权威性、全面性、及时性、中英双语等特点。CSMAR 数据库系列是大中华区唯一入选美国沃顿商学院研究服务系统（Wharton Research Data Services，WRDS）的数据库产品，曾获得诺贝尔奖获得者 Robert William Fogel 的高度认可。CSMAR 数据库经过 15 年的不懈努力，截止到 2020 年 12 月，CSMAR 数据库的内容已经扩展到 15 个系列，115 个子库，包含股票、公司、基金、债券、衍生品、经济、行业、货币市场、海外、板块、资讯、科技金融、专题等 2000 多张表、上万个指标、40 000 多个字段。其数据时间最早可追溯到 1949 年，并且对这些数据可以进行数据查询、下载、绘图、统计，且支持 Excel、dbf、纯文本等多种输出格式，可以实现与 SAS、SPSS 等统计软件的无缝对接。截止到 2020 年 12 月，超过 1000 家高校（如哈佛大学、北京大学等）及研究机构（如博时基金管理有限公司、中国证券金融股份有限公司等）、15 000 多名客户、17 000 多篇在国内外一流刊物上发表的高质量论文均采用 CSMAR 数据库的数据。

（二）数据查询的步骤

在 CSMAR 数据库的官方网站（http://www.gtarsc.com），点击“数据中心”按钮，如图 1-35 所示。

进入数据中心后，在左侧的六个专栏中，选择“公司研究系列”栏目，在出现的选项中选择右下角“财务指标分析”选项，如图 1-36 所示。

图 1-35 CSMAR 数据库首页

图 1-36 数据中心显示页面

在财务指标分析的页面下，可进行资产负债表、利润表、现金流量表、所有者权益变动表查询，搜索需要查找的指标，定位指标所在的库和表。例如，查询“资产负债表”中的“净资产收益率”指标，如图 1-37 所示。

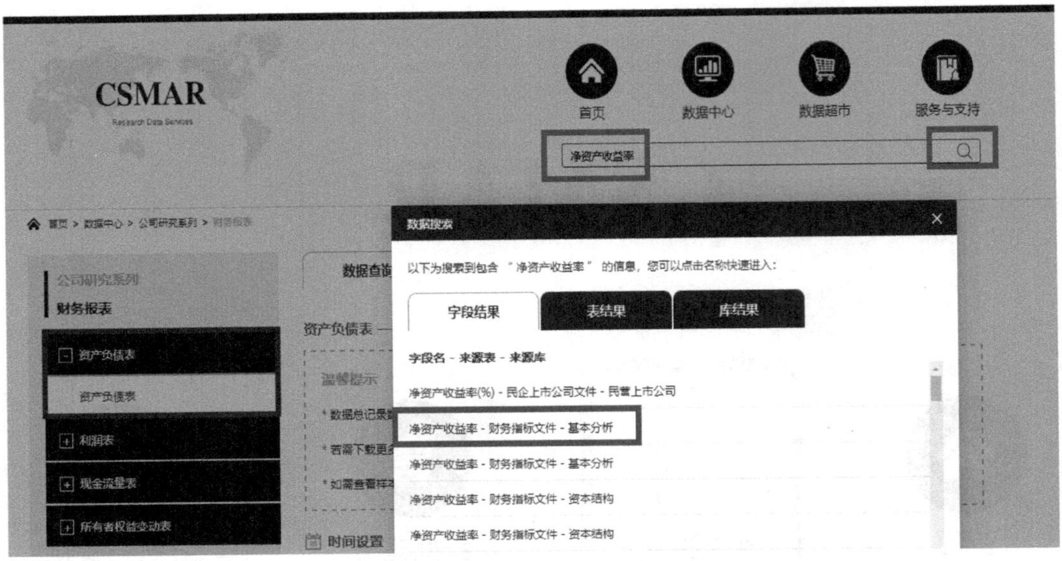

图 1-37　具体指标查找显示结果

选中指标后，在“代码设置”中输入所要查询的代码。在“字段设置”中，可进行关键字的搜索或选择所要查询的指标，如图 1-38 所示。

图 1-38　具体指标搜索

点击“下载数据”按钮，可以保存数据。

证券交易机构的官方网站、Wind 数据库、CSMAR 三个数据库中，证券交易机构的官方网站可直接点击进行操作，但数据仅局限于某一方面，对数据还需要进一步整合和汇总。而 CSMAR 数据库和 Wind 数据库的数据信息量大，需要登录账号才能进行进一步查询。

五、案例分析：微观数据

这里以上证价格指数进行指数平滑的短期预测分析为例，具体操作如下。

在 EViews 中新建工作文件，在主菜单点击“File”，然后选中第一个选项“New”，再在扩展出的菜单栏选择“Workfile”，如图 1-39 所示。

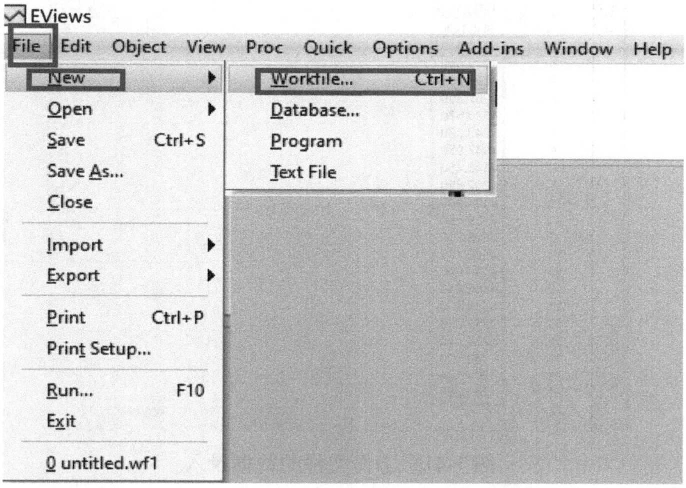

图 1-39　新建工作文件

在弹出的“Workfile structure type”中点击第一个选择“Unstructured/Undated”，在右方的“Observations”中输入“127”，点击“OK”按钮，如图 1-40 所示。

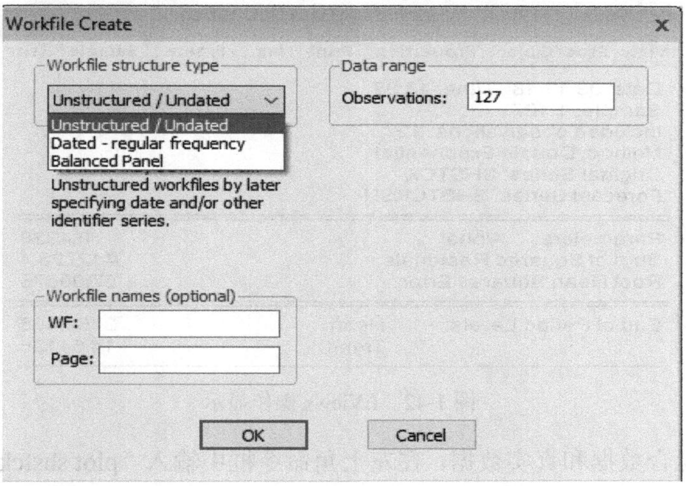

图 1-40　设定工作文件的数据类型

为了输入已经准备的数据，在左上角命令框输入“data shstck”后，点击回车键运行代码。打开数据文件，仅复制数据部分并将其粘贴至弹出的窗口中，如图 1-41 所示。

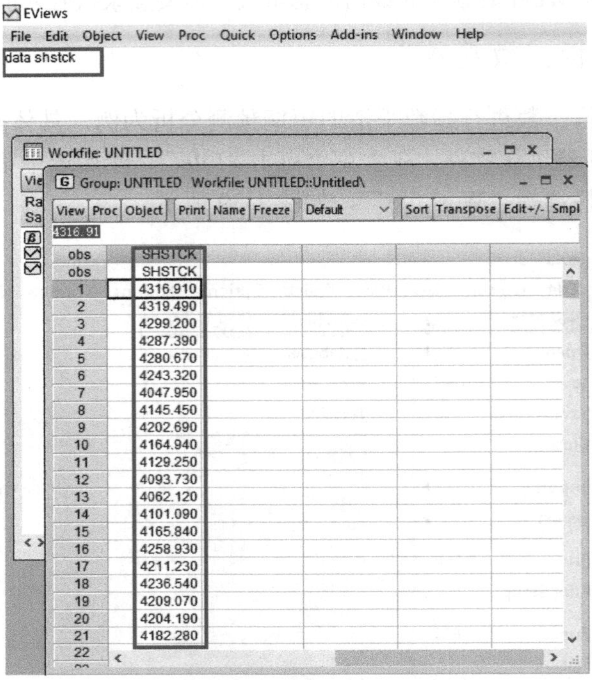

图 1-41 工作文件的数据录入

为了进行二次指数平滑分析，在 EViews 软件的左上角命令框输入“smooth（d）shstck”点击回车键运行代码。在弹出的菜单中保持默认选项，点击“OK”按钮，得出如图 1-42 所示结果。

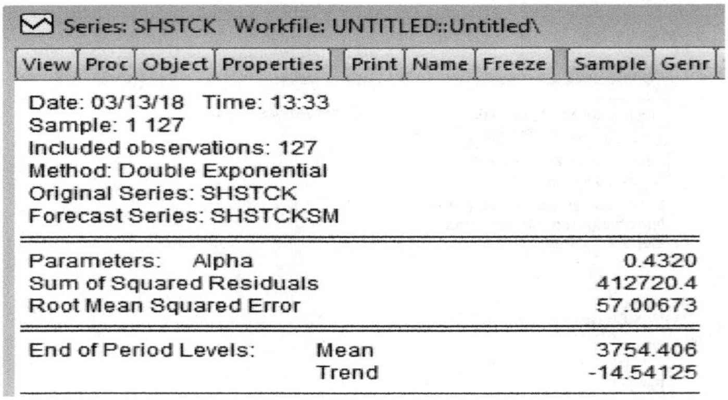

图 1-42 EViews 操作显示

为了对比拟合数据和真实数据，在左上角命令框中输入“plot shstck shstcksm”，点击回车键运行代码，结果如图 1-43 所示。

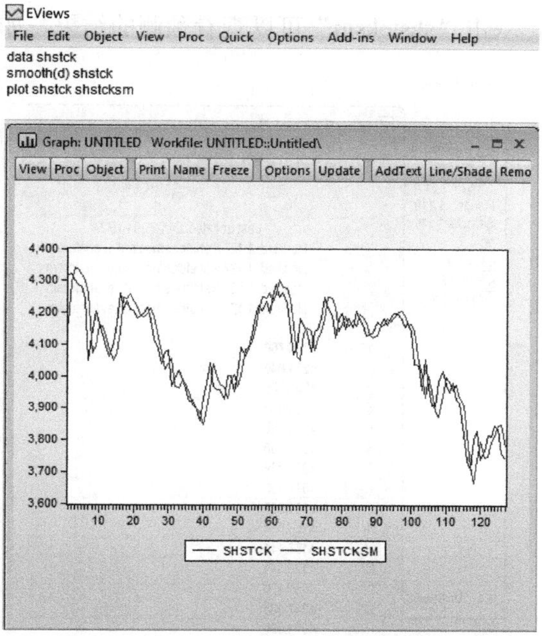

图 1-43　指数平滑预测值和真实值对比

为了扩大区间并预测，在左上角命令框输入“range 1 140”点击回车键运行代码，然后再次输入“smooth（d）shstck”，点击回车键运行代码，如图 1-44 所示。

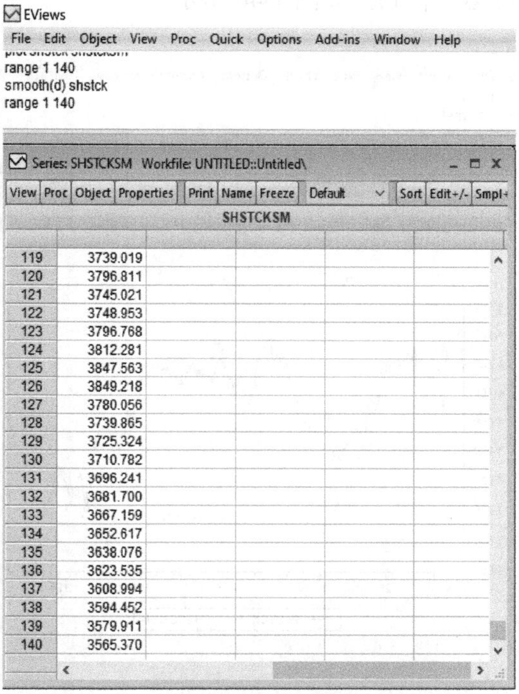

图 1-44　扩大区间数据

在 Workfile 窗口，双击“shstcksm”可以查看预测的结果，如图 1-45 所示。

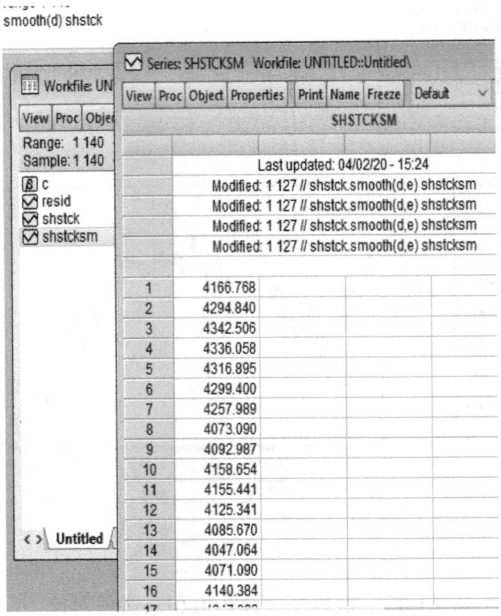

图 1-45 shstcksm 数据结果

为了画出扩大预测区间后的对比图形，在左上角命令框再次输入，“plot shstck shstcksm”，点击回车键运行代码，如图 1-46 所示。

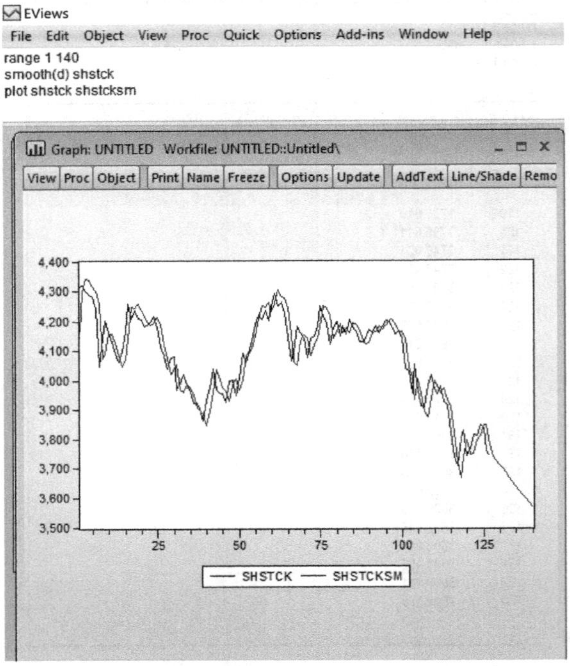

图 1-46 扩大区间后的指数平滑预测值和真实值对比

128～140 期预测期是多步预测（k=1,2,⋯），预测期内使用的预测公式为

$$\hat{y} = a + bk = 3754.406 - 14.54125k$$

其中，$\hat{y}$ 表示预测的趋势值；a 和 b 表示模型参数；k 表示预测的期数。二次指数平滑法预测的趋势与趋势线可能完全不同，二次指数平滑的线性趋势代表短期趋势，其适合短期趋势预测，而趋势线代表长期趋势。

第四节　微观个体分析的数据来源

微观个体数据也称民间统计数据，是由民间统计机构以接受委托或自己的名义进行统计调查获取的数据，其是对官方统计调查的重要补充。本节重点介绍几个比较有影响的微观个体数据库，包括中国综合社会调查（Chinese General Social Survey，CGSS），中国营养与健康调查（China Health and Nutrition Survey，CHNS）、中国家庭收入调查（China Household Income Projects，CHIP）、中国健康与养老追踪调查（China Health and Retirement Longitudinal Study，CHARLS）、中国家庭追踪调查（China Family Panel Studies，CFPS），调查项目样本数据均可通过申请免费使用。

一、中国综合社会调查

中国综合社会调查是我国最早的全国性、综合性、连续性学术调查项目，由中国人民大学中国调查与数据中心负责执行。获取中国综合社会调查数据的网址为 http://www.cnsda.org。遵照国际标准，自 2003 年起，每年一次，对中国各省区市 10 000 多户家庭进行连续性横截面调查。在中国综合社会调查年度调查的基础上，中国人民大学中国调查与数据中心联合全国各省区市的 40 多家大学及科学研究机构组成了中国社会调查网络（Chinese Social Survey Network，CSSN），开创了在中国组织大规模全国性调查的新模式。中国综合社会调查系统、全面地收集社会、社区、家庭、个人多个层次的数据，总结社会变迁的趋势，探讨具有重大科学和现实意义的议题，推动了国内科学研究的开放与共享，为国际比较研究提供了数据资料，充当了多学科的经济与社会数据采集平台。

中国综合社会调查开创了我国大型学术调查数据开放与共享之先河。该数据库用户包括世界各国经济学、社会学、人口学、政治学、管理学、新闻学、心理学、劳动人事学、地理学、历史学、人类学，以及其他学科的学者、学生及其他人员，基于中国综合社会调查数据发表学术期刊超过了 1000 篇。

当收集数据时，在中国综合社会调查首页，点击“数据与成果”模块，选择“调查数据”选项，点击后会显示数据库列表，以供用户查询。中国综合社会调查首页，如图 1-47 所示。

点击相应模块后，出现如图 1-48 所示的“中国国家调查数据库”界面，用户可从该界面上查找所需数据。

图 1-47　中国综合社会调查首页

图 1-48　中国国家调查数据库首页

二、中国营养与健康调查

中国营养与健康调查是北卡罗来纳大学和中国疾病控制中心共同合作创立的一个国际合作项目，该项调查是由包括营养、公共卫生、经济学、社会学、中国研究和人口统计学等复杂背景的国际组织进行的。获取中国营养与健康调查数据的网址为 http://www.cpc.unc.edu/projects/china。中国营养与健康调查采用多阶段随机聚类法，根据地理、经济发展、公共资源和健康指标方面的差异抽取了 15 个省市的约 7200 个家庭和 3 万多人作为样本进行调查研究。此外，中国营养与健康调查还在食品市场、卫生设施、计划生育和其他方面的调查中收集了详细的社区数据。其主要调查项目包括：家庭成员的人口学特征、就业、教育、工资收入、饮食、营养、健康状况等详细信息；农业生产、农作物价值、家庭收入、消费、居住情况、交通工具、家庭财产等；村人数、村户数、是否实行医疗保险、医院情况、消费结构、学校情况、计划生育情况、食品价格等。其调查数据包括个体层次、家庭层次和社区层次等三个层次的变量。中国营养与健康调查旨在检验健康、营养及国家和地方政府实施的计划生育政策与计划，以了解中国社会和经济转型对人口健康与营养状况的影响。对营养和健康行为及结果的影响由社区组织及计划的改变、家庭和个人经济、人口及社会因素的变化来衡量。

在进行数据搜索时，找到“Survey Data”模块，进行相应的数据下载，如图 1-49 所示。

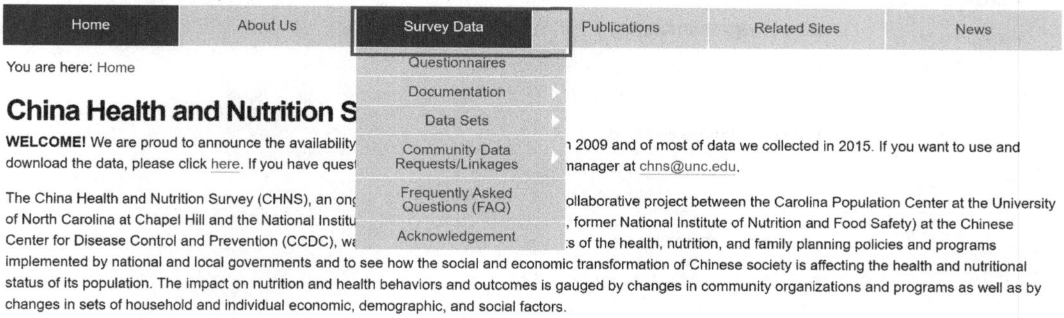

图 1-49　中国营养与健康调查首页

三、中国家庭收入调查

中国家庭收入调查由北京师范大学中国收入分配研究院发布。获取中国家庭收入调查数据的网址为 http://www. ciidbnu.org。北京师范大学中国收入分配研究院是一所以收入分配、劳动经济学及发展经济学研究为主要特色的科研机构。该院致力于收入分配、贫困及劳动力劳动等相关领域的研究，动态追踪我国经济发展和经济转型过程中居民收入分配与贫困的变动特征，并深入探讨其内在的影响因素与作用机制。北京师范大学中国收入分配研究院依托北京师范大学经济与工商管理学院，以青年学者为主形成了一支稳定的学术研究团队，并与诸多知名学者、研究机构建立了非常密切的学术联系，特别是与瑞典、英国、加拿大、澳大利亚和法国等国外学者进行了大量的国际合作研究，并积累了广泛的国际学术交流渠道。

中国家庭收入调查旨在更为广泛地涵盖收入分配研究的相关主题，更加密切地关注收入分配的政策效应分析，为国家收入分配体制改革和收入分配政策完善提供科学支持。北京师范大学中国收入分配研究院积累了丰富的研究资料，在 1988 年、1995 年、2002 年和 2007 年住户调查的基础上，形成了中国家庭收入调查数据库，其被称为迄今中国收入分配与劳动力市场研究领域中最具权威性的基础性数据资料库。利用中国家庭收入调查可进行教育回报、收入分配、储蓄消费、劳动力市场、性别歧视、户籍制度等主题的研究。

在查找数据时，选择“数据资料”模块进行相关搜寻，如图 1-50 所示。

四、中国健康与养老追踪调查

中国健康与养老追踪调查，以中国 45 岁及以上中老年人家庭和个人为研究对象，以个人基本信息，家庭结构和经济支持，健康状况，体格测量，医疗服务利用和医疗保险，工作、退休和养老金、收入、消费、资产，以及社区基本情况等为调查项目。获取

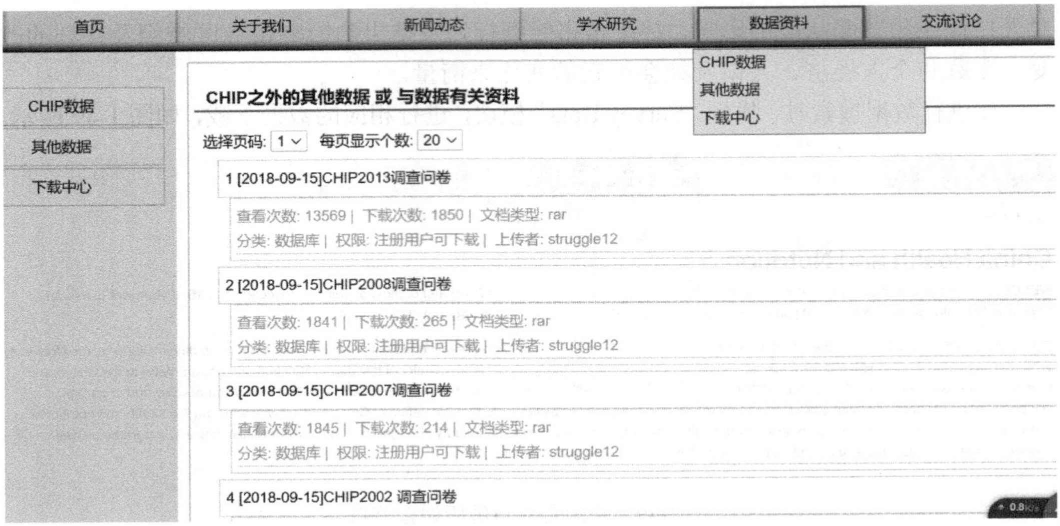

图 1-50 中国家庭收入调查首页

中国健康与养老追踪调查数据的网址为 http://charls.pku.edu.cn。中国健康与养老追踪调查旨在收集一套代表 45 岁以上群体的高质量微观数据，用以分析我国人口老龄化问题，推动老龄化问题的跨学科研究。中国健康与养老追踪调查全国基线调查于 2011 年开展，覆盖 150 个县级单位，450 个村级单位，约 1 万户家庭中的 1.7 万人。这些样本以后每 2～3 年追踪 1 次，在调查结束 1 年后数据将对学术界开放，对人口老龄化问题、劳动经济学（婚姻、彩礼等）、社会保障、人口经济学、卫生经济学等主题研究有重要意义。

进入网站后，点击“数据”模块，用户可查找所需相关数据，如图 1-51 所示。

图 1-51 中国健康与养老追踪调查首页

五、中国家庭追踪调查

中国家庭追踪调查的样本覆盖 25 个省区市，目标样本规模为 16 000 户，调查对象包含样本家庭中的全部成员。获取中国家庭追踪调查的网址为 http://www.isss.pku.edu.cn/cfps/wdzx/jzbg/index.htm。中国家庭追踪调查 2008 年、2009 年分别在北京、上海、广东三地开展了初访与追访的测试调查，并于 2010 年正式开展访问。中国家庭追踪调查的调查问卷共有社区问卷、家庭问卷、成人问卷和少儿问卷四种主体问卷类型，以研究家庭生活条件、家庭各类收入与支出、住房、金融资产，成人的基本信息、教育、婚姻、工作、健康、退休与养老、认知、宗教，少儿的基本信息、日常生活、健康、教育、培训辅导、认知能力等诸多方面。该机构重点关注中国居民的经济与非经济福利，以及包括经济活动、教育成果、家庭关系与家庭动态、人口迁移、健康等在内的诸多研究主题，是一项全国性、大规模、多学科的社会跟踪调查项目。旨在通过跟踪收集个体、家庭、社区三个层次的数据，反映中国社会、经济、人口、教育和健康的变迁，为学术研究和公共政策分析提供数据基础。

进入网站后，点击“数据中心”这一模块，登录相关平台进行寻找，如图 1-52 所示。

图 1-52　中国家庭追踪调查首页

微观个体数据库是由各大高校和研究院等组织建立的专注于某一研究领域的数据平台。大多数研究单位以家庭和个人为调查对象进行一手数据的整理，供用户作为二手数据使用。在查找数据的过程中，用户应首先对问卷、变量和编码参考书等有一定的前期了解。相对于宏观数据库而言，微观个体数据库虽然操作更复杂，获取途径也有局限性，大多数据库需要注册账号或提交申请，但专门领域的数据更为详细，在分析微观问题方面具有无可比拟的优势，同时用户可获取到的数据量庞大，并且大量的追踪数据对于发现长期变化规律具有显著作用。

第二章

市场调查概述

学习要求：

1. 学习市场调查的内容与分类
2. 了解市场调查的作用及必要性
3. 掌握不同种类市场调查的特点

市场调查是一门实用型的学科，拥有科学严谨的研究体系。通过系统学习市场调查，我们可以进行多方面的调查分析和调查预测研究。本章围绕市场调查的基本概念及特点，对市场调查进行框架式的介绍，分析市场调查的作用，综合讲解市场调查的不同分类方法及各种分类条件下的具体内容。

第一节　市场调查的概念及特征

市场调查作为一门实用性很强的学科越来越被学者所重视，而市场调查的概念是这门课程体系中最基本的构筑单位。因此在学习流程与方法之前，我们首先要了解市场调查的定义及特征，对市场调查有一个整体全面的认识。

一、市场调查的概念

市场调查也称市场研究、市场调研、营销调研。由于研究背景与认知存在差异，不同国家和学者对市场调查的定义也有所区分，概括起来主要有以下两种观点。

第一种观点将市场调查理解为对市场的调查研究，并进一步将市场调查划分为狭义的市场调查与广义的市场调查。狭义的市场调查是指将市场理解为顾客的集合，认为市场调查就是研究顾客的各种需求；广义的市场调查是指从整个市场的角度出发，包含了从认识市场到制定市场营销策略的一切有关市场营销活动的分析和研究。

第二种观点将市场调查理解为市场营销调查，即其主要是针对企业在市场营销决策中所面临的各种问题的调查。市场调查是指按照市场研究的任务，采用科学的方法，有计划、有组织地向调查单位收集、记录、整理有关市场营销信息和统计资料的工作过程。结合现有研究的主流趋势，本书选用第二种观点。

二、市场调查的特征

（一）目的性

市场调查的目的是找出市场发展变化的规律，向用户收集数据以提供决策依据，因此市场调查存在明显的目的性。市场调查的最终目的是为有关部门和企业制订规划或经营策略提供信息支持和科学依据，如果脱离了调查目标，那么调查结果就会失去效用。因此从规划设计到完成验收都要保证调查活动目的明确，一旦发现市场调查偏离了调查目标，应及时更正，始终坚持目标导向，以得到有效的调查结果。

（二）客观性

市场调查提供的信息要真实可靠，必须采用科学的方法，实事求是地开展市场调查活动。证据的阐述必须排除主观性，坚持资料来源、分析判断的客观性，进行合乎逻辑的推断，杜绝主观臆测。市场调查是否遵循了客观性的原则将直接影响调查结果，其也是判断调查机构与调查人员专业水平的首要因素。从调查设定到调查实施，再到推断预测，市场调查的各个环节都要坚持遵守客观性原则。

（三）时效性

市场调查是在一定时间和地点条件下进行的，反映的是一定时段内市场的信息情况，应在用户需求的有效时间内完成并提交。市场调查之所以不是一蹴而就的，是由于市场一直处在不断发展和变化的过程中。市场调查一定要有时间限制，若不能按期保质、保量地完成，则会失去调查的意义。

（四）不确定性

市场是一个受众多因素综合影响和作用的场所，这些影响市场的因素本身就具有一定的复杂性和不确定性，因此不断变化才是市场永恒的主题。对市场调查而言，样本的选取、调查方法的选择等都不是一成不变的。即使市场调查获得的资料完整，也可能具有某种不确定性。市场调查仅是预测和决策的前提条件，并不能保证通过市场调查做出的预测和决策就一定能够成功。

（五）系统性

系统性指市场调查是对市场状况进行研究的整体活动，体现出市场调查是一个开放的结构化体系。从明确调查目的、问卷设计到在认真策划的基础上收集充分的、有代表性的数据并加以整理、分析，最后提出调查报告，是一个系统过程。

（六）全过程性

市场调查是市场信息识别、收集、记录、整理和分析的过程，不是单纯的市场信息收集过程，而是对市场状况进行调查研究的整体活动。市场调查的全过程性要求市场调查不能只停留在生产或销售的准备阶段，而应贯穿事前、事中和事后，从而为用户提供科学的决策依据。

（七）社会性

一方面，市场调查是一项社会活动，需要充分调动社会资源，在调查过程中需要社会各界的共同支持。另一方面，市场调查是面向社会的调研活动，涉及社会经济生活的各个领域，反映出的是社会经济生活的动态变化。随着市场营销范围的不断拓展和营销观念的转变，市场调查研究的内容和应用的范围也在不断扩大。因此市场调查具有强烈的社会性，需要深入社会当中，不断补充和完善。

第二节　市场调查的作用及必要性

当今社会经济飞速发展，市场环境复杂多变。企业的生产和发展要时刻紧跟市场环境的变化，满足客户的不同需求，进行市场调查以了解消费需求变化是必不可少的环节。市场调查不仅可以为企业战略发展提供支持，也是企业生产活动中不可或缺的一部分。

一、市场调查的作用

（一）市场调查可以为企业制定决策提供依据

正确的经营决策建立在准确掌握市场情况的基础上，需要有可靠的数据支撑和科学的信息预测。做好市场调查工作，能及时探明市场需求变化的特点，掌握市场供求之间的平衡情况，为编制生产和经营计划、制定科学的经营决策提供依据。

市场调查对营销决策的重要作用主要体现在两个方面：一方面，可以为营销决策提供即时的调查数据信息，降低决策的风险程度；另一方面，在决策的实施过程中，企业通过市场调查可以检查决策的实施情况，及时发现决策中的失误，起到反馈的作用，为进一步调整和修改决策方案提供新的依据。

（二）市场调查可以提高企业应变能力

在科技发展日新月异的时代，市场无时无刻不在变化。许多企业由于市场信息掌握不全面、不充分，从而错失发展良机。市场机会与市场营销环境的变化密切相关。市场调查不仅可以帮助企业发现新的发展机遇和新的经济增长点，还可以帮助企业了解市场最新情况，从而规避一定的经营风险。通过市场调查，企业可以更好地掌握市场环境的变化，及时做出应对之策，提高企业的应变能力。

（三）市场调查有利于企业保持竞争力

市场信息的掌握程度是决定一个企业能否保持持久生产活力与企业竞争力的关键因素之一。现代市场的竞争实质上是数据与信息的竞争，谁先获得了重要信息，谁就会在市场竞争中占据优势，而市场调查正是获取市场信息的重要途径与环节。企业可以通过市场调查评估其市场实力，挖掘自身的市场优势和发展潜力，提高核心竞争力。此外，企业可以通过市场调查了解竞争对手的市场占有率等情况，做到知己知彼，还可以不断收集和反馈消费者和竞争者的信息，以制定和调整经营策略，从而在市场上站稳脚跟，保持自身的市场竞争力。

（四）市场调查可以帮助企业优化营销方案

通过市场调查，企业可以了解现有产品被消费者认可的程度。判断消费者对产品及其包装的偏好，评估产品款式是否需要调整，分析开发的新产品中需要改进哪些部分。运用调查数据，可以分析产品的定价是否合理，价格能否被消费者所接受，研究如何优化资源配置以达到企业利润最大化，同时还可以研究营销手段实施的程度和有效性，分析广告宣传更侧重强调哪一个部分来吸引目标消费者，等等。市场调查可以帮助企业探究环境条件的变化对营销策略的影响，对企业的营销策略进行调整和优化组合。

随着社会的发展，技术更替速度不断加快，市场情况瞬息万变，然而企业的营利目的却始终不变，因此分析市场情况的社会调查越来越被企业所重视。市场调查为企业在市场上战胜对手，做出合理的营销决策与方案提供支持和帮助。

二、市场调查的必要性

（一）市场调查是企业进入市场的必要环节

市场调查作为企业运营的起点，是企业进入市场前不可或缺的重要一步。一个企业要想进入市场，必须做好市场调查工作，分析市场信息和行情。在竞争日益激烈的市场中，科技水平不断提高，消费者的需求越来越多样化，政治经济形势变幻莫测。如果不事先进行市场调查，企业就无法及时观察市场情况、了解市场需求，导致其很难在市场经营中取得成功。

（二）市场调查是企业掌握市场风向的首要渠道

企业一旦进入市场，其产品或服务就开始接受市场的考验，更需要实时掌握市场动向，保证经济效益。市场调查可以为企业提供最新的行业数据，及时地反馈市场情况，是了解市场变动的首要渠道和绝佳途径。如果企业在生产经营过程中忽略了市场调查，就会闭门造车，缺乏对市场动态的感知，势必会失去行业竞争优势，造成企业发展脱离市场实际。

（三）市场调查是企业提升品质的外在保证

在现代社会中，由于经济和科技的飞速发展，新产品层出不穷。随着收入的增加，消费者的需求和偏好也在不断变化，在选购商品时会更加挑剔。如果不进行市场调查，很难了解消费者对商品不同特性、式样和其他属性的反应。只有真实地反映消费者的特征和需求，才能运用消费者需求信息来提升企业产品和服务品质，让顾客感到满意，保证企业的可持续经营。

（四）市场调查是经营模式改变的内在需求

从集中的、单一的经营发展到分权化的多种经营，连锁经营、特许经营、集团化经营、控股经营和战略联盟等已经成为许多企业的发展模式。为了进行有效的管理，迅速收集分散各处的信息，及时预警，采取有针对性的营销计划，企业必然将更多依赖各方面的市场监测信息。如果不进行市场调查，企业就不能及时采取适当的应变措施，难以融合多种经营模式，从而给企业发展造成严重阻碍。

第三节 市场调查分类

市场调查的范围较广，根据不同的分类方式，其可以分为很多种类。目前应用广泛的分类方式主要有以下四种。

一、按调查目的划分

根据调查目的，市场调查可分为探测性市场调查、描述性市场调查、因果性市场调查和预测性市场调查。

（一）探测性市场调查

探测性市场调查是指当市场情况不十分明了时，为了发现问题、找出问题的症结，明确进一步深入调查的重点和具体内容而进行的非正式调查。例如，某企业在一个地区内销量明显下降，为探究是什么原因导致这一现象，以及从众多引起销量下降的因素中发现问题所在，就需要进行探测性市场调查。而进一步研究如何解决销量下降的问题，则需要从另一个角度去收集更多数据。

探测性市场调查包括利用现成的历史资料、业务资料和核算资料、学术机构的研究报告以及政府公布的统计数据和长期规划等二手资料进行市场研究。通常邀请熟悉业务活动的专家、学者和专业人员，对出现的问题做初步研究。

（二）描述性市场调查

描述性市场调查是指对需要调查的客观现象的有关方面进行的正式调查。它要解决的问题为“是什么”，主要描述调查现象的各种数量表现和内在规律，为市场研究提供基本资料。例如，某品牌发现产品销量与广告支出有很大关联，这种描述性市场调查为后续工作提供进一步研究的基本资料。描述性调查可分为两类：一类是纵向研究，即在一个时间段内重复测量某事件的研究；另一类是横向研究，即在某一特定时间点上对一个事件不同形态的研究。

从实际应用来看，多数市场调查是描述性市场调查。与探测性市场调查相比，描述性市场调查要求有详细的调查方案，通过实地调查掌握第一手原始资料。在描述性市场调查的过程中，尽量将问题的来龙去脉、相关因素描述清楚，系统地收集、记录、整理调查数据和有关情况，为进一步的市场研究提供市场信息。

（三）因果性市场调查

因果性市场调查是指为探索有关现象或市场变量之间的因果关系而进行的市场调查。当且仅当一个变量的变化将引起另一个变量的变化时，我们认为两个变量之间存在因果关系。通常把表示原因的变量称为自变量（或解释变量），把表示结果的变量称为因变量（或被解释变量）。在自变量中，有的自变量是企业可以控制的内在变量，如企业的人、财、物等；有的自变量是企业不可控制的外在变量，如反映市场环境的各种变量。因果性市场调查回答的是“为什么”，其目的在于找出事物变化的原因和现象间的相互关系，找出影响事物变化的关键因素。例如，在广告支出与产品销售量的关系中，要弄清何者为因、何者为果，就需要采用因果性市场调查。

为了找出市场变量之间的关系，因果性市场调查既可运用描述性调查资料进行因果关系分析，也可收集各种变量的数据资料进行因果关系分析，并运用一定的方法进行综合分析、推理判断，从诸多的联系中揭示市场现象之间的因果关系。

（四）预测性市场调查

预测性市场调查是指为预测市场供求变化趋势或企业生产经营前景而进行的具有推断性的调查。预测性市场调查回答的问题是未来市场前景如何，进而为市场管理决策和企业营销决策提供依据。例如，消费者购买意向调查、市场走势调查等都是带预测性的市场调查。

预测性市场调查主要利用描述性市场调查和因果性市场调查的现成资料，收集的信息要符合预测市场发展趋势的要求，既要有市场的现实信息，又要有影响市场未来发展变化的信息。

二、按调查范围划分

根据空间范围，市场调查可以分为国际性市场调查、全国性市场调查、区际（省际）性市场调查和地区（省内、市内、县内）性市场调查等。

（一）国际性市场调查

国际性市场调查是指面向国外市场开展调查，调查范围根据需要可以是某个国家、某个地区或全球市场，国际性市场调查是范围最广泛的调查。随着世界经济全球化趋势的不断加强，越来越多的企业走出国门，为世界各地消费者提供产品和服务。而不同国家的文化背景、市场情况差异较大，这就需要开展国际性市场调查，了解外国人的特征和消费特点等诸多情况。

（二）全国性市场调查

全国性市场调查是指在全国范围开展市场调查，侧重于对本国市场的研究，以及了解国内不同消费者之间的差异。随着我国市场化进程的不断推进，一些有影响力的品牌显现出来，有些市场存在着明显的地区差异，为了了解并适应这种差异，就需要开展大范围的全国性市场调查。

（三）区际（省际）性市场调查

区际（省际）性市场调查是指在某一个或几个区际（省际）范围内开展市场调查，了解区际（省际）不同消费者之间的差异。例如，我国的长三角地区、珠三角地区、京津冀地区的市场调查等。

（四）地区（省内、市内、县内）性市场调查

地区（省内、市内、县内）性市场调查是指在省内的一个或几个市、县开展市场调查，了解地区内不同消费者之间的差异。例如，广东省中山市、河北省保定市的市场调查等。

三、按调查时间间隔划分

根据调查时间间隔，市场调查可分为一次性调查、定期性调查和经常性调查。

（一）一次性调查

一次性调查又称临时性调查，是指为了研究某一特殊问题而进行的一次性市场调查。例如，某餐饮企业拟开设一家新的分店，需要进行一次性调查，以了解市场需求、消费水平、客流量等方面的情况。

（二）定期性调查

定期性调查是指对市场情况或业务经营情况每隔一定时期所进行的调查。例如，企业每年年末进行的顾客满意度调查等。定期性调查一般是周期性的，调查的方式一般有定期报表调查、定期抽样调查、定期普查等。

（三）经常性调查

经常性调查是指在选定调查的课题和内容之后，科学组织长时间、不间断的调查活动，以收集具有时间序列类型的信息资料。例如，企业产品产量的统计调查等。

四、按调查的方式划分

根据市场调查方式不同，可分为市场普查、重点调查、典型调查、抽样调查等。

（一）市场普查

市场普查是对市场总体进行逐一的、普遍的、全面的调查。这是全面收集市场信息

的一种方法，可以获得较为完整、系统的信息资料，是企业科学管理的基础。

在市场调查中，可以根据企业需求确定市场调查范围，对市场情况进行普查。有时也可以为了获得某一方面专项的市场资料而进行专项普查，如商业网点普查等。一般来说市场普查的调查成本较高，要求组织专门机构，调配专门人员，在规定的时间内按照统一的口径要求进行调查，然后集中进行统计、汇总，市场普查可以反映出有关市场的总体情况。

（二）重点调查

重点调查是指在总体中选定一部分重点单位进行调查。重点单位在总体中处于十分重要的地位，或者在总体某项标志总量中占绝大比重。采用重点调查，可以有效减少调查对象，以较少的人力和费用较快地掌握调查对象的基本情况。

重点单位不具有普遍的代表性，其调查目的主要是对总体的基本情况做出估计，一般需要利用重点调查的综合指标来推断总体的综合指标。在市场调查中，重点调查方式常用于对商品资源和消费者需求的调查。例如，某企业为几百家工厂供应原料，其中 20 家工厂的供应量已经达到总供应量的 80%，只对这 20 家重点工厂的供给情况进行调查，就可以在一定程度上掌握该原料需求的基本情况。

（三）典型调查

典型调查是从总体中有意识地选取一些具有典型意义或有代表性的典型单位进行专门调查。典型调查一般可分为两类：一类是选取具有典型意义的少数单位进行深入调查以研究事物的一般情况，这类调查通常用于研究新生事物以及新情况和新问题，或者用于总结先进经验；另一类是从调查总体中选择具有代表性的典型单位进行调查，以典型样本的指标推断总体的指标。

典型调查中选取的调查单位相对较少，人力和费用开支比较节约，调查问题较为深入，有利于发现新事物、探索新问题、查明客观经济现象产生的原因。典型调查在我国市场调查的发展过程中起着重要作用，在很多场合得到实践检验，且现在仍被市场广泛应用。典型调查的核心在于对典型调查范围的选取，典型单位是否具有典型意义或代表性直接关系整个调查效果的好坏。对典型单位的选取应根据市场调查的目的和调查对象的特点采用科学的方法进行确定，而不是采用统一的、固定不变的标准。

（四）抽样调查

抽样调查是指从总体中抽取出一部分作为样本进行调查，然后根据样本信息推断市场总体情况的方法。抽样调查是市场调查中应用最为广泛的调查方式。相对于普查情况，抽样调查以样本信息反映市场总体情况，工作量相对较小。抽样调查费用较低，因此其提高了市场调查的经济效益。同时，抽样调查只选用一定比例的样本进行调查，节省了大量的调查时间，调查周期短，可以及时取得调查结果。

在运用抽样调查的方法时，要注意样本抽取的科学性与合理性，保证调查结果的合理性，避免出现一味追求省时省力而造成调查结果没有效用的情况。另外，抽样调查由于其自身抽样的特点，势必会产生误差，这也是抽样调查的弱点。为了发挥抽样调查的积极作用，应在条件允许的前提下尽可能地减少误差。

综上所述，依据不同的划分角度，社会调查可以分为不同的种类。在实际生活当中，上述各种类型的市场调查，有些可以单独在市场营销管理、科学决策中发挥作用，但更多情况下是对它们的组合应用。很多大规模的市场调查活动需要将不同种类市场调查与市场预测相结合，共同完成市场研究工作，为企业进行科学的经营决策提供依据。

第三章

市场调查的组织

学习要求：

1. 学习市场调查的组织方式
2. 了解调查人员的管理与培训
3. 掌握市场调查方案的设计

市场调查是一项较为繁杂的工作，能否科学严谨地组织市场调查将直接影响调查结果。本章将从市场调查的组织方式、市场调查的人员管理、调查方案的设计以及市场调查报表与注意事项四个方面进行介绍。

第一节　市场调查的组织方式

市场调查是按照市场研究的任务有计划、有组织地向调查单位收集、记录、整理和统计资料的工作过程。在整个工作过程中，市场调查的组织方式处于十分重要的地位。

在市场研究中，市场调查的组织方式主要有市场普查和非全面调查（包含重点调查、典型调查和抽样调查等）。选择哪种组织方式主要取决于调查对象的特点和调查的目的要求。不同情况应该采用不同的组织方式，以达到市场调查及时有效反映经济运行的目的，并全面完成市场调查的任务。

一、市场普查

市场普查是以市场总体为调查对象的一种调查方法，是全面了解某一市场在特定时间情况时所选用的方法。

（一）市场普查的概念和特点

市场普查是对市场总体即所要认识的全体研究对象进行逐一的、普遍的、全面的调查。市场普查是一种一次性的全面收集市场信息的方法，可以获得较为准确、完整、系统的信息资料，为调查一个国家的主要国情国力、制定重要政策和长期发展规划等提供重要依据。市场普查是一种重要的调查方式，在世界各国综合国情国力调查中应用广泛。

市场普查主要具有一次性与全面性两个特点：①一次性。市场普查一般用于调查某时点上研究现象的总量，这一数量通常在短期内变化不大，不必进行连续登记，只需间隔一段较长时间进行一次调查即可。同时，由于市场普查的规模大、指标多、任务重，通常会耗费大量的人力、物力和时间，不可能经常开展，因此市场普查具有显著的一次性特点。例如，现阶段我国的人口普查工作，调查频率为10年一次。②全面性。市场普查对象范围广、指标多、内容详细，是调查内容最为全面的调查方式。相比于其他的调查方式，市场普查更能掌握全面、详尽的统计资料，具有全面性的特点。例如，我国第三次经济普查的对象为我国境内从事第二产业和第三产业的全部法人单位、产业活动单位和个体经营户，主要内容包括单位基本属性，从业人员，财务状况，生产经营情况，生产能力，原材料、能源及主要资源消耗，科技活动情况等多个方面，为各级部门提高决策管理水平提供了重要依据。

（二）市场普查的组织实施

市场普查主要有自上而下和自下而上两种组织形式。自上而下的市场普查组织形式是组织专门市场普查机构，配备一定数量的市场普查人员，对调查单位直接进行调查登记，如我国的人口普查。自下而上的市场普查组织形式是由被调查单位填报调查表格并逐级上报以实施市场普查，如我国的土壤普查。需要注意的是，即使是自下而上的市场普查组织形式，仍需市场普查的领导机构及相关专业人员对市场普查工作进行组织与领导。

在组织实施市场普查时，应运用科学的方式严格把控质量，具体过程如下。

第一，建立组织领导机构。市场普查有全面性的特点，调查范围广，调查单位多，花费时间一般较长，因此在调查实施之前首先要建立组织领导机构。组织领导机构承担把控全局的职责，负责组织安排专门人员参加市场普查工作，以及明确各部门职责与分工等。

第二，确定普查时间。由组织机构统一规定某个时间点或某段时间作为登记市场普查对象的标准时间，按照统一的普查时间开展调查工作。市场总是处在不断的变化当中，且市场普查一般涉及的单位较多，只有确定了普查时间，才能保证所有调查单位的调查资料反映的是同一时间点或同一时间段的市场情况。确定普查时间可以有效避免所收集的资料因时间不同导致汇总后不能反映客观事实而失去准确性的缺陷。

第三，合理规划市场普查的阶段进度。这一步是对整个市场普查工作的细分，将全部工作划分为若干阶段，设定每个阶段的工作任务。例如，全国第六次人口普查调查工作大致分为三个阶段——普查准备、登记和复查、数据处理和公布。第一阶段准备工作主要包括：完成人口普查的立法，建立普查机构，制定《人口普查办法》、普查表和工作细则，安排工作计划，明确普查试点，划分普查区域，整理户口资料，选调和培训普查员，宣传工作，准备物资等。第二阶段主要是按照普查方案的规定在一定日期内对每一户、每一人进行登记，然后对登记的资料进行全面复查。第三阶段主要是对普查资料进行进一步的整理，将其加工成能够反映各地区人口乃至全国各种状况的宏观资料，以供政府和社会各界使用。只有合理安排阶段进度，才能保证市场普查按计划开始、按期完成，使调查资料能够及时汇总，保证统计调查的时效性价值。

第四，确定市场普查的项目和指标。应统一市场普查项目的内容、解释口径、计算方法等，一经确定，不得任意增减改变。普查项目和指标的确定有利于最终数据的汇总、综合，以及提升资料质量。另外，不同时间的同一种市场普查，每次调查的项目和指标应力求一致，以便更好地对调查资料的时间序列进行对比分析，观察调查内容变化发展的情况。

二、非全面调查

市场普查这种全面调查方式耗时、耗力且花费较高，因此在实际社会经济中非全面调查的应用更为普遍。非全面调查是对调查对象总体中的部分单位进行调查，也是市场调查中不可或缺的一种调查方式，其中抽样调查、典型调查与重点调查等调查方法应用广泛。

（一）抽样调查

抽样调查是从全部调查研究对象中抽选一部分单位进行调查，并以此对全部调查研究对象做出估计和推断的一种调查方法，是一种非全面调查。抽样调查虽然是非全面调查，但目的却在于取得反映总体情况的信息资料，因而抽样调查也可起到全面调查的作用。

抽样调查具有一些其他非全面调查方法所不具备的特点，主要包括以下几点。

第一，调查样本可以按照随机原则进行抽取。在总体中每一个单位被抽取的机会是均等的，因此能够保证被抽中的单位在总体中呈现均匀分布的特征，不致出现倾向性误差，具有较强的代表性。

第二，以抽取的全部样本单位作为一个“代表团”，用整个“代表团”来代表总体。需要特别说明的是，抽样调查并不是用随意挑选的个别单位代表总体。

第三，根据调查误差的要求，合理确定所抽取的调查样本数量。经过科学计算确定的调查样本数量有可靠的理论依据支持。

第四，在调查前就可以根据调查样本数量和总体中各单位之间的差异程度对抽样调查的误差进行计算，并将其控制在允许范围以内，调查结果的准确程度较高。

根据抽选样本的方法，抽样调查可以分为概率抽样和非概率抽样两类。

1. 概率抽样

概率抽样又称随机抽样，是指调查总体样本中的每个单位都具有同等被抽中的机会，具有健全的统计理论基础，可用概率理论加以解释，是一种客观而科学的抽样方法。概率抽样包括以下几个方面的优点：调查者可获得被抽取的不同年龄、不同层次的样本的信息，能估算出抽样误差，调查结果可以用来推断总体。概率抽样也有以下弊病：在大多数案例中，同样规模的概率抽样的费用要比非概率抽样高；概率抽样比非概率抽样需要更多时间进行策划和实施；必须遵守的抽样计划执行程序会大量增加收集资料的时间。

2. 非概率抽样

非概率抽样是指调查者根据自己的方便或主观判断抽取样本的方法。它不是严格按随机抽样原则来抽取样本，所以无法确定抽样误差，也无法正确地说明样本的统计值在多大程度上适用于总体。非概率抽样根据样本调查的结果也可在一定程度上说明总体的性质、特征，但不能推断总体的具体数值。

（二）典型调查

典型调查是指调查者为某一特定目的从调查对象中有意识地选择少数典型单位进

行的一种非全面调查，典型调查适用于调查总体同质性比较大的情形。这种调查法较为细致，适用于对新情况、新问题的调研，一般用于调查样本太大，而调查者对总体情况比较了解，同时又能比较准确地选择有代表性对象的情况。

组织实施典型调查的主要步骤如下：根据研究目的，通过多种途径了解研究对象的总体情况；从总体中初选出备选单位，加以比较，慎重选出有较大代表性的典型；进行（典型）调查，具体收集资料；分析研究资料，得出结论。

典型调查有以下几个特征。

第一，典型调查主要是定性调查。典型调查主要依靠调查者深入基层进行调查，对调查对象进行直接剖析，并取得一手资料，能够透过事物的现象发现事物的本质和发展规律。典型调查是一种定性研究，难以进行定量研究。

第二，典型调查是根据调查者的主观判断，选择少数具有代表性的单位进行调查。因此，调查者对调查单位的了解情况、思想水平和判断能力对选择典型的代表性起着决定作用。

第三，典型调查的方式是面对面的直接调查。它主要依靠调查者深入基层与调查对象进行直接接触与剖析，因此，对现象的内部机制和变化过程往往了解得比较清楚，资料比较全面、系统。

第四，典型调查方便、灵活，可以节省时间、人力和经费。典型调查的对象少，调查时间短，反映情况快，调查内容系统周密，了解问题深，使用调查工具不多，运用起来灵活方便，可以节省很大的人力、财力。

典型调查的方式有以下几种。

1. *解剖麻雀式*

解剖麻雀式是指当总体各单位差异不大，或者调查目的在于研究新事物及总结经验、树立典型时，可以选择个别单位进行深入细致的调查研究。如同老话所说“麻雀虽小，五脏俱全”，我们要认识麻雀的生理构造，不必调查所有麻雀，只需解剖一只就行了。

2. *分类选典式*

市场现象、活动和过程错综复杂，我们往往难以选出可以代表调查总体的无所不包的典型，这就需要采用分类选典的方法。分类选典是当总体单位之间差异较大，且目的在于推算总体数量特征时，可以先对总体进行分类，然后在各类中按比例、有意识地选择一定数目的单位来构成典型总体，最后由典型总体的指标值推断出总体的有关指标情况。

选择典型单位的主要原则有以下几项。

第一，目的性原则。明确调查目的是典型调查组织中的重点，因为调查研究的目的不同，选取的典型单位也不同。例如，如果是近似地估计总体的数量特征，则首先分类，再从各类中选择典型单位。

第二，时间性原则。典型调查对时间的要求也较高，因为过去的典型不一定是现在的典型，现在的典型也不一定是未来的典型。时间性原则要求选择典型单位时，要因时间不同来分别选择。

（三）重点调查

重点调查是指调查者为某一特定目的从调查对象中选择少数重点单位所进行的一种非全面调查。重点单位是指其标志值占总体标志总量绝大比重的单位。重点调查具有专门性、非全面性、非推断性、经常性与一次性并举的特点，但取得的数据只能反映总体的基本发展趋势，不能用以推断总体数值。

组织实施重点调查要根据研究问题的不同需要分别进行，可以采取一次性调查，也可以进行定期调查。重点调查的方式主要有两种：调查人员直接登记式和被调查者自填式。前者由调查人员深入现场对调查单位的有关情况进行直接登记，一般适用于专门组织的一次性重点调查。后者由调查者通过制定定期统计报表并由被调查者自己填报有关情况来进行，一般适用于经常性的重点调查。

重点调查的关键在于选择重点单位。因为重点单位选择的正确与否，将直接决定重点调查的结果能否正确反映调查对象的基本情况。如果调查单位选错了，即将非重点单位作为重点，而将真正的重点单位排除在外，即使调查结果本身准确无误，也不能如实反映调查对象的基本情况，从而也就不能实现调查的目的。

重点单位的选择原则有以下几点。

第一，目的性原则。调查研究的目的不同，其重点单位也不相同，所以应根据市场调查的目的来选择重点单位。这是选择重点单位的首要原则。

第二，“少”和“大”相结合原则。该原则要求从一个调查对象中选出来的重点单位在数目上要尽量地“少”，但其标志之和占总体标志总量的比重又要尽量地“大”。

第三，时空性原则。选择重点单位时，要因时间、地点不同来分别选择，因为此时的重点不一定是彼时的重点，此地的重点也不一定是彼地的重点。这也就是说，重点单位不是一成不变的，它因时间、地点的不同而发生变化。

第二节 市场调查的人员管理

人员管理是市场调查过程中十分关键的一环，调查人员专业与否将直接影响调查结果的可靠性与准确性。

一、人员的组成

不同的市场调查机构，其组织结构的形式可能不同，但在市场调查过程中，主要包含领导人员、调查人员和督导人员，这三类人员相互制约，互为监督。

（一）领导人员

随着经济社会的不断发展，现如今较大的市场调查公司都有其内部的专业分工，设置不同的领导团队与业务部门去执行市场数据资料的收集与分析工作。一般情况下，根据不同的调查需求，专业调查公司会选取市场调查业务部人员组成项目领导组。当调查项目规模较大、程序复杂时，公司会根据需要从研究开发部、调查部、统计部、资料室等多个部门选取相关人员，一起组成市场调查项目领导组，以保证调查工作的顺利实施。

领导组成立之后，选定项目主管，由项目主管负责整个项目的管理，负责协调各部门的关系、起草初步计划、制定预算等。如果调查项目较大，还需根据项目具体情况，选定多名项目实施主管，分别负责不同的子项目。

项目实施主管的主要职责如下：深入了解调查研究项目的性质、目的及具体实施要求，负责选择合适的实施公司并与之进行联络；制订实施计划和培训计划；挑选实施调查和督导的人员等；培训实施调查和督导的人员；实施过程中的管理和质量控制。另外，一般情况下，有关督导人员和调查人员的评价工作主要由项目实施主管完成。

（二）调查人员

调查人员是市场调查项目实施的具体执行者，其自身较强的素质是调查实施能够成功的最重要保证。调查人员一般都是经过认真挑选后从申请者中选定的。在挑选市场调查人员时，我们要考虑以下几个要求。

1. 道德感与责任感

市场调查工作是一项辛苦且自主能动性较强的工作，工作对象是普通的被调查者，在调查过程中诚实守信的品德与良好的责任感十分重要。有时调查人员的调查工作很难被全时段监督，容易出现积极性不高的现象，因此如果调查人员没有诚实守信的品德与责任心，就很难得到准确而有效的调查资料。

2. 语言水平

市场调查的对象往往分布较广，一般情况下尽量选择普通话标准的人员作为调查人员。同时要考虑到具体的调查项目内容。比如，在调查较为偏远地区或方言使用率高的地区时，如果调查人员能够使用方言跟被调查者交谈，就更容易得到被调查者的认同，降低被调查者的心理防御，提高调查的效率和成功率。

3. 表达能力

市场调查主要通过调查人员与被调查者的直接交流获取市场资料，调查人员的表达能力将直接影响到被调查者是否愿意接受调查以及能否正确理解问题，因此在选择调查人员时，表达能力也是我们需要重点考虑的因素。一个好的调查人员应该既善于向被调查者做有效的询问，又能细心地倾听，正确地领会和理解被调查者的回应。

4. 业务能力

市场调查的最终目的是获取调查数据，根据获得的一手资料进行分析预测，而调查数据的质量与调查人员的业务能力密不可分。一个好的调查人员应该拥有敏锐的洞察力与快速的反应力，了解相应的市场营销、统计学、心理学等学科的知识。调查人员在调查工作中不仅依靠被调查者的填写或回答得到数据资料，还要能够观察被调查者的语气、表情等以判断数据的可信程度。

此外，挑选调查人员还应考虑以下因素——调查对象的人口特征（性别、年龄、文化程度、职业等）和社会经济特征，要尽量选择能与之相匹配的调查人员，保证调查人员完成调查工作的有效性和可靠性。

（三）督导人员

督导人员又称调研督导，是负责市场调查工作监督及后期检查的工作人员。督导人员主要是在数据采集过程中，负责对调查人员的工作过程进行检查、审核与验收，这种方式可以是公开的，也可以是非公开的。督导人员实施的督导工作主要包括调查人员培训、现场的检查和监督、数据的编辑和编码、数据的分析等，这些均为市场调查活动的基础性工作。督导人员的工作成效关系到后续调查工作的成效，甚至关系到市场调查结论的科学与精准，因此督导人员的选择至关重要。督导人员作为领导人员与调查人员的纽带，是整个调查过程中的重要一环。一个好的督导人员应具备以下能力。

1. 管理能力

在现场数据收集过程中，各种干扰因素都会影响数据采集的进程和质量。为了获取满意的调查结果，科学、有效地监督管理过程就显得尤其重要。一个督导人员管理能力的强弱一定程度上决定了一个项目能否保质、保量完成，因此管理能力是督导人员的首要基本素质。督导人员要监督调查人员按时、按量完成有效的数据采集工作，确保调查人员能够严格按照项目要求进行数据采集，保证调查人员完成的问卷或访谈是完整且合规、无误的。

2. 沟通能力

由于督导工作特有的性质，在现场实施过程中督导人员会与各种项目有关人员产生工作上的联系。例如，向领导人员汇报进度，向执行现场实施的调查人员了解访问中遇到的问题，与委托项目的客户联系交流，与被调查者进行后续反馈等。督导人员拥有良好的沟通能力可以提升调查工作的效率，有效避免调查实施过程中出现重大问题。在多方面联系和信息交换过程中，督导人员必须具备很强的人际交往和沟通能力。

3. 培训能力

培训能力是督导人员一项极为重要和基本的能力。调查人员对市场研究行业的认识、对调查公司的认识、对调查项目的理解和认同、对现场实施工作的理解和实施技能的掌握、对具体项目要求的理解等，都是通过各类培训获得的，因此良好的培训能力对于督导工作的有效开展是至关重要的。

4. 团队协作能力

社会调查工作一般涉及范围较广，尤其是大型的调查项目，常常需要多个部门的通力合作，督导人员的团队协作能力直接影响调查工作的成效。因此督导人员应耐心倾听他人的需求与问题，能够站在他人的角度进行思考，拥有良好的团队意识，积极推动项目合作，保质保量完成调查工作。

二、人员培训方式与流程

一方面，我国市场调查发展起步较晚，市场调查机制有待进一步完善；另一方面，不同种类市场调查所需的时间与人员相差甚远，同时很多调查公司在调查活动旺季承接多个调查项目，但在淡季却难以承接项目，无法一直维持一支庞大的专职调查人员队伍。因此，国内市场调查机构在承接调研业务时，往往需要临时招聘一些调查人员作为补充。尤其是对于一些全国性的大型调查来说，在当地组织招聘调查人员进行调查既可以节省差旅费用和住宿费用等，又可以保证调查人员熟悉当地文化，听懂方言，对被调查者有亲和力。但对于受聘的调查人员来说，这种不定期的工作有着强烈的临时工作性质，其专业水准可能不足，因此市场调查人员的培训工作意义重大。

（一）培训流程

在市场调查人员培训过程中，主要有两个步骤：一是及时发出培训通知；二是组织管理培训的具体运行。由于部分参与人员可能只是兼职身份，市场调查培训管理者应提前发出培训通知，让受训者为本次培训预留学习时间，做好相应的学习准备。并且应提前通知培训老师，这不但显示出调查项目对培训工作的重视，也为培训老师的提前准备预留出充足的时间。

在人员培训的具体运行过程中，需要注意以下具体事项：保证组织到位，确保培训老师、学员按时到位，培训所需的材料及时发放，会场安排得当；合理规划培训进程，时间控制要严密；收集第一手培训信息，为以后的培训安排做好准备；按时进行培训效果调查，及时发放效果调查表，指导学员填写；根据调查的具体要求，在培训现场安排各种形式的模拟调查；针对培训中可能出现的突发情况，做好应急备案。

（二）培训方式

人员的培训方式主要有讲授式、模拟式及试访与陪访等。

1. 讲授式

讲授式培训是指市场调查培训老师用语言将学习内容传达给调查人员，类似于学生在学校学习的方式，即培训老师讲课，调查人员听课。讲授式培训可以使调查人员牢记调查项目的重要性、目的、任务。调查人员通过训练手册，可以熟悉各项任务要求。讲授式培训是按照一定组织形式有效传递大量信息的一种培训方法，也是市场调查中成本最低、时间最节省、应用最为广泛的方式。除了作为能够传递大量信息的主要培训方法之外，讲授式还可作为其他培训方法的辅助手段。

2. 模拟式

模拟式培训是指由培训老师与有经验的调查人员分别担任不同角色，模拟调查活动中对各种问题的处理，主要包括情景模拟、问卷试填、案例分析等。这种方式可以让调查人员身临其境地感受到一些实际调查中将面对的问题。为了确保调查结果的正确性，在培训过程中应注意防范或克服因缺乏实际经验而可能产生的各种不良影响及调查人员的心理挫折。因此，在进行实地调查之前，多利用模拟训练方式，可以使市场调查人员增加经验，较好地处理未来可能遭遇的情况，这也能在一定程度上保证调查结果的质量。

3. 试访与陪访

试访培训是指在调查项目正式开始之前，调查人员在小范围内进行调查尝试，以达到培训目的。陪访培训是由督导人员陪同调查人员一起进行调查。陪访培训的具体做法如下：在讲授式培训结束后，先拿出少量问卷，将调查任务分派给调查人员，调查人员按正式要求试访几份。与此同时，培训老师或督导人员则以旁观陪同者的身份，对每一个调查人员的入户进行一次陪访，实地观察调查人员在实际工作中存在的问题。

试访与陪访是检验和强化调查人员培训效果的重要方式。在试访与陪防结束后，培训老师对调查人员试访与陪访中的问题进行一次集中总结，及时纠正试访与陪访中存在的问题，并及时淘汰部分难以胜任工作的调查人员。经过试访与陪访培训，调查人员在具备相应的能力后可以按照工作要求进行实地的调查活动。

三、人员培训分类及内容

根据市场调查的需要，调查人员的培训一般包括常规培训、专业知识培训与调查技巧培训。

（一）常规培训

常规培训一般包括职业道德、调查流程、注意事项、安全意识及审核标准等，是一种规范化的培训，重点针对首次参与项目的调查人员。常规培训主要由市场调查公司管理人员（如督导人员）来承担；而对于经验丰富的调查人员，一般只需就新的规定作扼要的说明，而将培训重点放在专业知识培训上，以提高培训工作的效率，并避免调查人员对培训工作产生厌倦情绪。通常常规培训的专业性与技巧性不强，但所培训的事项是市场调查的基础，需要调查人员牢记。

（二）专业知识培训

专业知识培训是指针对某一项目所涉及的问题，如某些学术概念与专业名词、问卷题目之间的连贯性与层次性等专业型问题而进行的培训。由于市场调查涵盖社会经济生活的各个领域，不同领域所涉及的专业知识相差较大，调查人员难以全部掌握，因此针对不同调查项目所进行的专业知识培训尤为重要。通过专业知识培训，可以避免因调查人员对认识深度的差异，或对某些特殊问题理解不一致而出现调查误差。

因此，专业知识培训应成为每一次培训的重点内容，最好由来自委托企业的技术专家与市场调查公司的方案设计者共同完成，这样才能最大限度地保证培训效果的准确性与高效性。专业知识培训对于新调查人员与老调查人员同样重要，不可忽视。

（三）调查技巧培训

调查技巧是指调查人员为了获得准确、可靠的调查资料，运用科学的调查方法，引导被调查者提供所需情况的各种方法和策略。根据调查方案的要求，无论是入户面访调查，还是在路上进行拦截式调查，均需要面对陌生人的隔阂。为了保证调查质量，提高调查人员的工作效率，对调查人员进行调查技巧的培训是非常必要的。调查人员在调查过程中的注意事项有以下几个方面。

1. 保持中立

在市场调查活动中，调查人员的神态表情、对某个回答的态度等均可能影响被调查者的应答。因此调查人员应时刻保持冷静、中立。在调查中，除了期待被调查者的回答与聆听外，尽量不要做出任何其他反应。即使被调查者提问，调查人员也不能说出自己的观点。同时，要向被调查者解释，他们的观点才是真正有用的。同时避免向被调查者谈及自己的背景资料。如果被调查者执意追问，调查人员应该给出一个中立的回答，并鼓励被调查者谈谈自己的见解。

2. 避免拒访

在调查开始的时候遭到被调查者拒绝是调查过程中最为常见的情况。被调查者可能在毫无准备的情况下接受调查，因此会本能地产生潜意识的拒绝。通常，调查人员与被调查者的最初接触是能否获得被调查者合作的关键步骤。为了有效避免被调查者拒访，调查人员应该学会有效的开场白。经过心理学家的研究，与不请求准许的开场白相比，请求获得准许的拒访率更高。因此调查人员不要机械地请求获得调查者的准许，如“我可以耽误您几分钟吗？”“您能抽几分钟回答我的提问吗？”等，这类机械请求很容易遭到拒绝。有效的开场白一般是自我介绍式。在问卷设计中设计者已精心编写了开场白，调查人员自我介绍时，应按规范的形式进行，表现出快乐、自信，如实表明调查目的，出示身份证明。有效的开场白可增强被调查者潜在的信任感和参与意愿，大大降低拒访的概率。

在实践中，被调查者拒绝接受调查，通常会找出许多借口，调查人员要想出不同的对策。例如，当被调查者以“没有时间”拒访时，调查人员可主动提出更方便的时间，如下班后您是否有空，而不是简单问被调查者“什么时间合适”。当被调查者声称自己“不太懂”或“缺乏了解”拒访时，调查人员应及时告诉被调查者：“我们并不是做专家评论，调查的目的是让每个人有阐明自己看法的机会，所以您的看法对我们很重要”或“您把您知道的说出来就可以了”等来鼓励被调查者。当被调查者以“不感兴趣”拒访时，调查人员可以解释：“我们这是抽样调查，每个被调查者的意见都很重要，麻烦您协助一下，否则我们的调查结果将会产生偏差。”

总的来说，调查人员要随时关注被调查者的理解程度与配合态度，设法调动被调查者的情绪，并运用眼神等表现出欣赏与鼓励。

3. 保持调查的连续性

通常情况下，被调查者一旦开始参与调查，就不会中途停止，但可能会发生一些特殊情况导致调查中途被打断。

第一，中途有事的情况。为有效避免此种情况，调查人员应选择适当的调查时间。在进行入户调查时，如果是在工作日，调查可选择在晚上 7:00～9:00 进行；如果是在休息日，可选择在上午 9:00～12:00 或下午 3:00～7:00 进行。在进行拦截式调查时，可以选择人们正在谈话购物或休闲放松的时候。

第二，被调查者在回答提问的过程中可能会发现问卷太长，需要花费的时间太多，因而产生厌烦的情绪，没有了耐心；或者问卷中的问题不好回答，是被调查者不太熟悉的领域，与被调查者的生活经历相差太远等。还有问卷中的某些问题较为私密，被调查者不便回答，如婚姻情况、个人收入、政治倾向等，这时调查问卷的拒答率通常会高一些。这种情况需要调查人员有足够的耐心与专业知识，及时讲解问题，降低问卷难度，协助被调查者完成。同时及时告知被调查者这项研究将完全保密，不会泄露被调查者的身份情况和答案信息。

第三，被调查者受到其他事情的打扰，如有人拜访，电话打扰等。为此调查人员应尽量在没有第三者的理想环境下进行调查。但调查过程中难免受到各种干扰，这时调查人员应该做出敏捷的反应，积极应对。例如，调查过程中有非被调查者插话时，调查人员应该有礼貌地说："您的观点很有价值，我希望过一会儿请教您。"如果积极努力后调查人员仍得不到被调查者自己的回答，则应该中止调查过程。

4. 合理提问与追问

由于问题的顺序会对问卷整体准确性及能否顺利完成调查有重要影响，因此在设计调查问卷时，研究者会精心安排问题顺序并进行一定的检验与测试。调查人员在提问时，要严格按照问题顺序进行提问，不要随意改变问题的顺序。当被调查者不理解题意时，调查人员可重复提问，但不能自作解释或加上自己的意见而影响被调查者的独立思考。特别注意，调查问卷上的每个问题都应全部提问，调查人员在调查中要注意不可自作主张放弃应该询问的问题。

调查人员在调查过程中应按照问卷设计的问题顺序和提问措辞进行提问。对于开放型问题的追问，不使用有方向性的引导，可以尝试鼓励式追问使被调查者的回答尽可能具体。有经验的调查人员能帮助被调查者充分表达自己的意见。好的追问技巧不仅可以为调查提供更为充分的信息，而且让被调查者有更多表达自身观点的空间，有时还能令调查人员得到一些意想不到的收获。

5. 结束调查

当被调查者回答完调查问卷的所有问题时，调查人员面临着结束调查。被调查者可能还有进一步的自发陈述，也可能有新的问题。此时，调查人员应认真记录有关的内容，并认真回答被调查者提出的问题，从而给被调查者留下一个良好的印象。

最后一定要对被调查者表示诚挚的感谢。调查人员应感谢被调查者抽出时间给予合作，让被调查者感受到自己对这项调查研究做出了贡献。同时迅速检查问卷：是否有遗漏问题，问题的答案是否有空缺；问题的答案是否有前后不一致的地方；是否有需要被调查者澄清的含糊答案；单选题是否有多选的情况等。如准备礼品，应及时赠予被调查者。

第三节　调查方案的设计

市场调查工作复杂烦琐，技术性强，在组织管理过程中调查方案的设计是重中之重。一个科学、周密的市场调查方案不仅可以使整个调查工作有序进行，还可以减少获取资料的误差，提高调查的质量。

一、市场调查方案的含义

市场调查方案是指在调查实施之前调查机构及其工作人员依据调查研究的目的和调查对象的实际情况，对调查工作的各个方面和全部过程做出的总体安排。市场调查方案是保证统计调查有计划、有组织进行的前提条件，是统计调查组织实施的保障，在各类统计调查活动中和咨询服务调研中得到广泛应用。市场调查总体方案是否科学、可行，关系到整个市场调查工作的成败。

市场调查的方案设计可以分为横向方案设计与纵向方案设计两方面。横向方案设计是指对调查涉及的各个具体项目进行设计，如为了调查某企业一款热销产品的竞争力，可以将该产品的质量、价格、服务、口碑等方面看作一个整体进行考虑。纵向方案设计涉及调查工作的各个阶段和环节等，即调查资料的收集、整理和分析等。由于横向方案设计的针对性较强，不同调查项目的横向方案设计差异较大，本章仅对纵向方案设计进行介绍。

二、市场调查方案的内容

不同项目的调查方案格式有所区别，但一般来讲主要包括以下几部分：摘要、前言、市场调查目的、调查内容与具体项目、调查总体、调查问卷、抽样技术和调查方法、时间进度安排、经费预算、附录等。

（一）摘要

在摘要中，简明扼要地叙述市场调查项目的主题和实质内容，便于人们进行初步了解。

（二）前言

前言是市场调查方案的开头部分，其主要内容是简明扼要地介绍整个调查项目出台的背景，即市场调查项目的由来。

（三）市场调查目的

市场调查目的是调查所要达到的具体目标，它所回答的是“为什么调查”，要解决什么样的问题，调查具有什么样的社会经济意义等。明确市场调查目的是调查方案设计中首先应解决的问题，只有明确这些问题之后，我们才能确定向谁调查，调查什么以及采用什么方法进行调查。市场调查方案应简明扼要地说明市场调查目的，便于以此开展整个调查过程。

（四）调查内容与具体项目

调查内容与具体项目是调查的具体内容，它可以是被调查者的数量特征，也可以是被调查者的某种属性或者品质特征。调查内容与具体项目是收集资料的依据，为市场调查的目的服务，根据市场调查目的确定具体的调查内容。调查内容与具体项目的确定要全面、具体，但也要避免把无关的内容列入其中。

（五）调查总体

根据市场调查目的可以确定调查研究的总体或者调查范围，即调查对象。市场信息资料的来源决定了调查对象与范围。根据调查内容与项目，在调查对象中有针对性地选定调查总体。

（六）调查问卷

为了便于整理和汇总，还应该把调查项目编制成调查问卷，一般有单一问卷和一览表。单一问卷是供调查单位单独登记的表格，有多少个调查单位就需要多少份调查问卷。一览表可同时登记若干个调查单位，适用于登记项目相对较少的调查。

（七）抽样技术和调查方法

在统计调查中，应该明确采取的抽样技术，如全面调查还是非全面调查，如果是非全面调查，应明确是抽样调查、重点抽查还是典型调查。若是抽样调查，还应该明确抽样框、具体的抽样方法、数据的推断方法等。

调查方法是收集数据和信息的具体方式。在市场调查中，除了明确抽样技术外，还应明确调查的具体形式，如采取入户面访调查、拦截式调查、网络调查等。采取定性和定量相结合的方法，分析调查总体主要指标的分布情况，兼顾统计调查条件、调查方法、规定的调查精度和调查单位数量等。

（八）时间进度安排

这部分内容要将整个社会调查过程的分段情况与具体时间进度情况进行汇总，包括整个项目开始与结束时间、每一阶段开始与结束时间、每一阶段内容与结果呈现方式等。

（九）经费预算

市场调查的一项限制性条件就是调查经费。根据经费预算不同，市场调查可以做出不同的人员安排，选取不同的抽样方式。经费预算是调查方案中不可缺少的部分。

（十）附录

附录主要包括调研项目负责人及主要参加者，抽样方案及技术说明，问卷及有关技术说明，数据处理所用软件，等等。

三、市场调查方案的编写

除了明确市场调查方案所需包含的内容，市场方案的编写方式也较为重要。一个好的市场调查方案设计应紧扣目标、逻辑清晰、全面、严谨。

（一）市场调查方案撰写流程

1. 确定市场调查目的和任务

确定市场调查目的和任务，要明确调查项目所要解决的问题，即为何要调查，要了解和解决什么问题，调查结果有什么用处。明确调查的目的和任务是调查方案设计的首要问题。只有调查目的和任务明确，才能确定调查的对象、内容和方法，保证市场调查具有针对性。

2. 确定调查对象和调查单位

根据调查目的和任务，确定一定时空范围内所要调查的总体，即调查对象。调查单位就是调查总体中的各个个体单位，调查项目的承担者或信息源。确定调查对象和调查单位就可以解决向谁调查和由谁来提供资料的问题。

3. 设计调查具体项目

调查具体项目是向调查单位调查的内容和条款。设计调查具体项目取决于市场调查目的和需求、调查对象的特点及数据资料收集的可能性。一般而言，调查项目设计完成后，一旦开始实施调查，将不会再对其进行更改。

4. 设计调查问卷

在调查项目设计完成之后，要设计调查问卷，用于收集市场调查资料。调查问卷是根据调查项目设计的对被调查者进行调查、询问、填答的测试卷，是市场调查收集资料的常用工具。

5. 确定市场调查方式和市场调查方法

市场调查方式是指市场调查的组织形式，通常有市场普查、重点市场调查、典型市场调查、抽样市场调查、非概率抽样调查等组织方式。应根据调查的目的和任务、调查对象的特点、调查费用的多少及调查精度要求等对调查方式做出选择。

对市场调查方法的确定应根据调查资料收集的难易程度、调查对象的特点、数据取得的源头、数据的质量要求等。在市场调查方案中应明确采用的抽样技术和市场调查方法。

6. 确定资料整理方法

资料整理是指对调查资料进行加工整理、系统开发的过程，其目的在于为市场分析研究提供系统化、条理化的综合资料。为此，应确定资料整理的方案，对资料的审核、订正、编码、分类、汇总、可视化等做出具体的安排。大型市场调查还应对计算机硬件和软件的购买或开发做出安排。

7. 确定分析研究的方法

市场调查资料的分析研究是对调查数据进行深度加工的过程，其目的在于将数据导向结论，将结论导向对策研究。为此，应制订分析研究的初步方案，对分析的原则、内容、方法、要求、调查报告的编写、成果的发布等做出安排。

8. 确定调查时间及进度

确定调查时间是指明确调查资料的所属时间，即应收集调查对象何时的数据。确定调查时间是为了保证数据的统一性，否则数据将无法分类和汇总，导致市场调查失效。在确定调查时间的过程中，要对调查阶段进行划分，计划每阶段所用时长，给出相应的进度安排表。一般来说，应根据调查项目的难易程度、工作量的大小、时效性要求合理确定调查时间，并制定调查进度安排表。

9. 明确调查经费预算

在进行调查经费预算时，尽可能全面考虑市场调查需要的费用，以免出现一些不必要的麻烦而影响调查的进度。当然，不要将没有必要的费用列入经费预算，对必要的费用进行认真核算、合理估计，切不可随意多报、乱报。不合实际的预算不利于调研方案的审批或竞标。因此调查经费预算既要全面细致，又要实事求是。

10. 制订调查组织计划

调查组织计划是指为了确保调查工作的实施而制订的具体人力资源配置计划，主要包括组建领导人员团体、选取督导人员、选取调查人员，如有需要可进行调查人员招聘，组织调查人员的培训，等等。

11. 编写市场调查计划书

在逐步做好以上准备工作后，可撰写市场调查计划书，以供领导审批和后续工作查看。

（二）调查方案的定性

调查方案的编写将会影响到调查质量、调查经费、调查时间等多个方面，编写一个合适的调查方案将使整个调查活动事半功倍。一项具体的市场调查项目可能会涉及几种调查方案设计。究竟应选择哪一种或哪几种调查方案设计取决于调查问题的特征。我们主要从以下三种情况进行考虑。

1. 探索性调查方案

我们在调研的早期时，往往对调查问题缺乏足够的了解，尚未形成一个具体的新构思。当原来的调查思路失效时，需要寻找替代行动方案来设计调查疑问或假设等，可以选择探索性调查方案。此时，市场调查方案属于探索性质。在这种情况下，通常采用小样本观察。例如，当某产品在某市的销量突然下降时，原因可能众多，探求销量下降的主要原因时可以选择探索性的调查方案，如先用小样本进行观察。

2. 描述性调查方案

探索性调查是整个调查设计框架的第一步，大多数情况下，在探索性调查之后会开展描述性调查或因果性调查。描述性调查是对市场上存在的客观情况如实加以描述和反映，从中找出各种因素的内在联系。与探索性调查相比，描述性调查基于对调研问题性质已有一些预先理解，主要回答“是什么”的问题。描述性调查要求要有详细的调查方案，而且还需进行实地调查。

3. 因果性调查方案

如果市场调查目的在于找出市场现象变化的原因及现象间的相互关系，找出影响市场现象变化的关键因素，那么适合采用因果性调查。因果性调查是对市场上出现的各种现象之间或问题之间的因果关系进行调研，目的是找出问题的原因和结果，回答“为什么”的问题。如果说描述性调研是说明某些现象或变量之间的相互关联，那么要说明某个变量是否引起或决定着其他变量的变化，就需要进行因果性调查。因果性调查的目的就是寻找足够的证据来验证原有假设。

四、市场调查方案评价

在针对复杂社会经济现象所进行的调查中，需要设计多种调查方案并从中选优。同时，调查方案的设计也往往不是一次完成的，而要经过必要的可行性研究，对调查方案进行试点和修改。一般来讲，我们主要从以下两个方面对调查方案进行评价。

（一）市场调查方案设计是否满足目的与要求

市场调查方案设计是否满足目的与要求，这是最基本的评价标准。明确市场调查目的是市场调查方案设计的第一步，包括为什么要进行这项调查、通过调查想了解哪些问题、调查结果的用途是什么等。市场调查方案中，只有明确了调查目的，才能确定调查的范围、内容与方法，否则就会列入一些无关紧要的调查项目，漏掉一些重要的调查项目，无法满足调查的要求。

市场调查实践中，调查方案的每一个细节都可能有多种选择，需要综合考虑和权衡利弊。能否制订一个科学的、有目的导向的调查方案不仅关系到调查项目完成的经济性、时效性，有时甚至会直接影响到整个调查任务的成败。因此，市场调查方案的制订应该通盘考虑、科学筹划，充分注意到和体现出调查目的，这样才能保证调查活动的顺利和有效开展。

（二）市场调查方案是否可行

可行性研究是科学决策的必经阶段，也是科学设计调查方案的重要步骤。对调查方案进行可行性研究的方法主要有三种：逻辑分析法、经验判断法和试点判断法。

逻辑分析法是检查所设计的调查方案内容是否符合逻辑和情理。逻辑分析法可对调查方案中的调查具体项目设计进行可行性研究，而无法对其他方面的设计进行判断。

经验判断法是组织一些具有丰富调查经验的专家，对设计出的调查方案加以初步研究和判断，以说明方案的可行性。经验判断法能够节省人力和时间，在较短时间内做出结论。但这种方法也有一定的局限性，这主要是由于人们的认识是有限的、有差异的，且事物在不断发展变化，各种主客观因素都会影响人们判断的准确性。

试点判断法主要是针对大规模的市场调查而言，其目的是使调查方案更加科学和完善。试点判断法具有两个明显的特点：一是强调实战性，二是强调创新性，这两点互相联系、相辅相成。试点判断法正是通过实践把客观现象反馈到认识主体，从而起到修改、补充、丰富、完善主体认识的作用。

同时，试点判断法可为正式调查取得实践经验，把人们对客观事物的了解推进到一个更高的层次。试点判断法应该注意以下几个问题：第一，应建立一支精干有力的调查队伍。队伍成员应该包括有关负责人、调查方案设计者和调查骨干，这是开展试点判断法的组织保证。第二，应选择适当的、范围可以不太大但代表性较强的试点单位。第三，应掌握好试点判断法的时机。第四，应做好试点判断法的总结工作。认真分析试点的结果，找出影响调查成败的原因，并提出解决问题的方法，以充实和完善原调查方案。

第四节 市场调查报表与注意事项

在了解市场调查的组织方式、人员管理及调查方案之后，本节重点介绍市场调查报表和市场调查组织中应注意的问题。

一、统计报表

统计报表是按照统一规定的表格形式、统一规定的指标内容、统一规定的报送程序和报送时间，由填报单位自下而上逐级提供统计资料的一种统计调查方式。我国已形成相应的统计报表制度。比如，国家利用各部门的统计报表定期取得国民经济与社会发展情况的基本统计资料，统计报表是国家取得调查资料的主要方法之一。

（一）统计报表规范

第一，报表样式。报表样式是根据研究的任务与目的而专门设计、制定的统计报表，用于收集统计资料，它是统计报表制度的主体。

第二，填表说明。填表说明是对统计报表的统计范围、指标等做出的规定，主要包含以下项目：填报范围，即统计报表的范围，如每种统计报表的报告单位和填报单位、各级统计部门与主管部门的范围等；指标解释，即对报表统计指标的口径、计算方法及其他有关问题的具体说明；分类目标，即有关统计报表主栏中应进行填报的有关项目的分类；一些注意事项，如报送日期、报送方式、报送份数等。

表 3-1 为统计报表示范。

表 3-1　企业 R&D 及相关活动主要指标

20　　年　　　　　　　　　　　　　　　　单位：

指标名称	代码	年份	计量单位	数量
甲	乙	丙	丁	1
一、企业基本情况				
开展 R&D 活动的企业数	01	2018	个	
二、R&D 人员情况				
R&D 人员	02	2018	人	
#女性	03	2018	人	
R&D 人员折合全时当量	04	2018	人月	
三、R&D 经费情况				
R&D 经费内部支出	05	2018	万元	
#政府资金	06	2018	万元	
#企业资金	07	2018	万元	
四、R&D 项目情况				
项目数	08	2018	个	
参加项目人员	09	2018	人	
项目经费内部支出	10	2018	万元	
五、企业办研发机构情况				
机构数	11	2018	个	
机构人员	12	2018	人	
机构经费内部支出	13	2018	万元	
仪器和设备原价	14	2018	万元	
六、自主知识产权及相关情况				
专利申请数	15	2018	个	
#发明专利	16	2018	个	
有效发明专利	17	2018	个	
七、政府相关政策落实情况				
研究开发费用加计扣除减免税	18	2018	万元	
高新技术企业减免税	19	2018	万元	

资料来源：国家统计局的《企业（单位）研发活动统计报表制度（2019）》

（二）统计报表的资料来源

统计报表的资料来源主要是基层的原始记录、统计台账和内部报表。原始记录是通过一定的表格形式对基层生产经营活动所做的最初记载，是反映社会经济活动的一手资料。原始记录种类繁多、范围广泛，如企业产品产量记录、原材料入库记录、职工出勤记录、商品销售记录等都属于原始记录。

从原始记录到统计报表，中间还要经过统计台账和内部报表。统计台账是基层单位根据核算和填制统计报表的需要，按时间顺序登记原始记录的一种账册。统计台账是为积累和整理资料而设置的，它是原始记录到统计报表的中间环节。例如，企业每天会有许多产品销售单，这些销售单就是企业的原始记录，如果把这些销售单汇总得到的该产品的当日销量按日期登记在账册中，就形成了统计台账。整理当月统计台账中每日销量会得到当月销量，再将当月销量填入统计报表，就完成了统计报表的编制。原始记录、统计台账和统计报表是层层递进的关系。

（三）统计报表的应用

在市场飞速发展的今天，必要的统计报表是统计调查方法体系的补充。统计报表可以单独使用，但多数情况下其与多种调查方法结合应用。

（1）统计报表在普查中的应用。普查的调查对象是组成社会最基本的单位，这种从基本单位到整体的调查、收集资料并逐级上报汇总的过程离不开统计报表制度。只有坚持统计报表制度的规范性，才能使普查工作严格地按程序进行，保证普查资料的质量。

（2）统计报表在其他调查中的应用。统计报表在非全面调查中同样得到广泛应用。在抽样调查和重点调查中，为规范调查资料的填写上报程序，通常也需要建立统计报表制度。随着市场竞争的加剧和信息技术的发展，数字技术和智能技术在市场调查中逐步得到应用，我国的统计报表在报送程序和报送手段上已发生了深刻的变革，传统的手工报表正被计算机的信息处理所替代，从而更加便捷和高效。

二、市场调查组织中应注意的问题

在市场调查的组织工作中，还有一些需要重点注意的事项，主要包括准确性、客观性、及时性和完整性四个方面。

（一）准确性

准确性是指调查取得的各项资料必须真实可靠，符合客观实际，按事物的本来面貌如实反映情况。统计调查的准确性不仅是技术性问题，更涉及坚持统计制度、统计法规的原则问题。在市场调查的组织过程中，无论是调查人员填写还是分析人员汇总整理，一定要保证数据的准确性，这样才能保证所获得资料的可靠性，从而应用这些资料进行分析预测。

（二）客观性

在市场调查组织的过程中，尤其是在对调查人员的培训过程中，一定要强调客观性，尽量避免个人主观意愿的影响。市场调查是一项科学的活动，在调查过程中，如果调查人员的主观意愿影响了被调查者，那么获取的数据信息将产生很大偏差。只有保证调查资料的客观性才能达到市场调查的目的。

（三）及时性

及时性是指在调查规定的时间内，尽快提供规定的调查资料，完成规定的各项调查任务。统计资料是管理决策中不可缺少的依据，而客观社会经济现象又是不断变化的，因而统计数据具有很强的时效性。如果统计资料不及时，就会失去其应有的价值。另外，统计资料的及时性也是一个全局性问题，任何一个调查单位不能在规定的时间内提供资料，均会影响全面的统计工作。因此，为了保证统计调查的及时性，各单位必须有全局观念，有团队协作精神，遵守统计制度和规律，按时保质保量完成任务，这样才能使市场调查顺利进行。

（四）完整性

完整性是指调查过程中不重复、不遗漏，所列调查项目的资料收集齐全。只有完整的统计资料，才能比较正确地反映所研究的社会经济现象的全貌。

上述四个方面是相互结合、相互依存的。在每一次统计调查实践中，都要根据具体情况，综合考虑。一般而言，统计调查要以准确和客观为基础，力求以尽可能短的时间和尽可能小的成本取得完整、系统的资料。

第四章

市场调查方法

学习要求：
1. 学习市场调查的具体方法
2. 了解各种市场调查方法的优点和缺点
3. 掌握各种市场调查方法的适用范围

市场调查是一系列市场活动中某一经济现象的调查活动，是有计划、有步骤地进行细致资料收集、整理分析的过程。在这一过程中，市场调查方法影响整个市场调查过程。根据调查方法不同，市场调查方法分为文案调查、入户面访调查、邮寄问卷调查、电话调查、网络调查、拦截式调查等。

第一节　文案调查

文案调查又称文献调查或二手资料调查，是指通过查询和阅读与研究项目有关的资料来获取市场信息的过程。在市场调查中，文案调查处于特殊地位，作为信息收集的重要手段，几乎所有调查均会采用。文案调查的功能主要表现在以下四个方面。

第一，文案调查可以发现问题，积累经验。文案调查可以发现当前的热点和前沿问题，并为之提供重要的参考根据和实践经验。几乎所有的调查均始于收集现有资料，因此文案调查通常是市场调查的首选方法。只有当文案调查的现有资料不能为研究提供足够的证据时，才会进行入户面访调查。文案调查可以作为一种独立的调查方法加以采用。

第二，文案调查可以为实地调查创造条件。如有必要进行实地调查，文案调查可为实地调查提供经验和大量背景资料。

（1）文案调查可以初步了解调查对象的性质、范围、内容和重点等，并能提供实地调查无法或难以取得的宏观资料，便于进一步开展和组织实地调查，为调查取得良好的效果奠定基础。

（2）文案调查收集到的资料可用来证实各种调查假设。根据以往类似调查资料的研究经验来指导实地调查的设计，通过对比文案调查资料与实地调查资料，以鉴别和证明实地调查结果的准确性和可靠性。

（3）文案调查可以对已有资料进行总体的了解，进而分析出实地调查所需要研究的问题，判断所需进一步掌握的数据。

第三，文案调查可用于经常性调查。实地调查费时费力，操作起来比较困难，在现实中有时难以经常实施。如果调查人员精心策划，文案调查具有较强的机动灵活性，能随时根据需要收集、整理和分析各种调查信息，非常适合经常性调查。

第四，文案调查不受时空限制。从数据的时间周期上看，文案调查不仅可以掌握近期资料，还可获得实地查看难以取得的长期历史资料。从数据来源的空间上看，文案调查既能对内部资料进行收集，也可掌握大量有关外部环境方面的资料。

但文案调查也有一定的局限性。由于文案调查主要依据历史资料，存在一定的过时资料，而现实中正在发生变化的新情况、新问题难以得到及时反映。另外，有时文案调查所收集整理的资料和调查目的优势不能很好地吻合，不能完全适用于目标问题，且收集资料时易有遗漏。

在文案调查实施过程中，需要注意对收集资料的质量进行把握。在现有的资料中，有些资料是由专业水平较高的人员采用科学的方法进行收集和加工的，准确度较高；而有的资料只是地区性和短期性数据，准确度较低。因此，在文案调查时应明确资料来源并加以说明。

第二节 入户面访调查

入户面访调查指调查人员与被调查者通过面对面的询问和回答而获取市场信息的方法，是市场调查中一种灵活的调查方法。在入户面访调查中要事先设计好调查问卷或调查提纲，调查人员可以按照调查问卷问题顺序进行提问，也可以围绕调查问题自由交谈。在入户面访调查中调查人员要注意做好记录，以便事后整理分析。入户面访调查可以采用个人面访、小组访谈和个人深度调查等多种形式，有时安排一次面访，也可以进行多次面访。根据调查的需求、时限、经费情况等，需综合选择入户面访调查的具体形式。

在入户面访调查中，调查人员直接接触被调查者，收集第一手资料，并根据被调查者的具体情况做深入的访问。入户面访调查的问卷具有一定的灵活性，提问的次序可以依据被调查者的特点而变化。如果调查过程中发现被调查者与所需的调查样本不符，可以立即终止访问。调查人员还可以根据调查工作的要求自由向消费者、业务人员及客户进行入户面访调查，及时了解市场情况，弥补事先考虑的不周。在面访过程中调查人员不仅能直接听取被调查者的意见，而且能观察被调查者，便于判断被调查者回答问题的态度及资料的真实可信度。入户面访调查由调查人员充分解释问题，以避免出现理解不一致、问题不答复等情况。

入户面访调查也存在一定的不足。首先，入户面访调查的成本高，需要雇用大批有专业知识的调查人员，并对其进行培训，然后分别对众多的被调查者进行面访，花费的时间较多。其次，入户面访调查有时会因调查人员的行为或询问方法不当而导致调查结果失真，入户面访调查的成功与调查人员的业务水平、表达能力、工作责任感等有很大的关系；调查人员个人的兴趣偏好和对问题的态度可能会使其对被调查者的回答做出不同的解释，还可能出现欺瞒谎报的情况，而调查机构很难督促、检查或控制入户面访调查的全过程，从而使调查信息的质量受到影响；入户面访调查方法也不宜进行敏感性信息或个人隐私信息的收集。

第三节 邮寄问卷调查

邮寄问卷调查也称信函调查，是指通过邮寄的方法将设计印制好的调查问卷给被选中的调查对象，由调查对象根据要求回答填写后寄回，从而达到收集信息目标的一种调查方法。

在邮寄问卷调查过程中，调查对象不受距离限制，只要调查人员能获得一个正确的通信（邮寄）地址，就可以选为调查样本；调查人员对调查过程的影响小，可以避免调查人员在场而引起的偏见，适用于对敏感问题的调查；邮寄问卷调查的费用较低，尤其是在调查对象的地理分布范围较广的情况下，其获取信息的费用较少；被调查者有较充裕的时间来考虑回答问卷问题，能更深入地思考或从他人那里寻找帮助。

然而，邮寄问卷调查也存在一些不足：邮寄问卷调查的回收率低，这有可能会影响样本的代表性；多数问卷的回收至少需要几个星期，花费时间较长，影响邮寄问卷调查的时效性；由于不受调查人员的控制，所收集的信息可能是很多人的综合意见，且有时被调查者只是答复部分问卷，结果的失真度较高。

第四节 电话调查

电话调查是指调查人员通过电话询问的方式从被调查者的语音回复中获取信息的调查方法。电话调查一般是以电话簿为基础进行抽样，抽取一定数量的电话号码，由专业调查人员以电话询问的方式进行市场需求情况等调查。

电话调查通常用于区域调查，调查费用较低。电话调查节省了邮寄问卷调查的邮寄时间和等待时间，可以在短期内快速地收集资料。一般情况下，电话调查受外界的干扰较少，询问过程规范性强，被调查者不易受到调查人员的主观影响，有效地减少了调查可能产生的偏差。

然而，电话调查也存在一定的不足，主要体现在视觉信息和提问时间两个方面。电话调查中只有语音通话，难以实现视觉信息的辅助，尤其是需要了解被调查者对图片、广告等实物或设计的反应和态度时，难以使用实物提示；另外，除非被调查者对所调查的问题特别感兴趣，调查人员难以实现较长时间的询问，电话调查对调查问题数目和信息量有较强的限制。同时，敏感性问题也难以使用电话进行调查。

第五节 网络调查

网络调查也称网上调查，是指利用计算机和互联网了解和掌握市场信息的调查方法。与传统调查方法相比，网络调查在组织实施、信息采集、信息处理、调查效果等方面具有明显的优势。

首先，网络调查在信息采集过程中不需要派出调查人员、不受天气和距离的限制、不需要印刷调查问卷。最为重要的是，调查过程中最繁重的信息录入工作可通过网上的用户终端完成，无须再进行人工录入。网络调查可以实现无人操作和不间断接受调查填表等功能，在全国范围内，乃至国外均可自动运行，信息检验和信息处理由计算机自动完成。

其次，与传统调查不同，网络调查使得被调查者的主动性增强，从而增强了客观性。这种客观性主要体现在被调查者是在完全自愿的原则下参与调查，调查的针对性更强。同时被调查者在完全独立思考的环境下接受调查，不会受到调查人员及其他外在因素的误导和干扰，能最大限度保证调查结果的客观性。

再次，网络调查能迅速通过网络传播调查问卷，使调查的速度加快，调查人员快速获得调查信息，调查周期相对较短；网络调查能设计出多媒体问卷，被调查者可以直观地通过文字、图形和其他可视化形式进行选择和回答，有些项目通过点击选项或下拉菜单轻松实现，大大提高了调查效率。

最后，网络调查采集信息的质量相对可靠，主要表现为以下几点：一是在网络调查问卷上可以附加全面、规范的指标解释，有利于消除因被调查者的指标理解不清或调查人员解释口径不一而造成的调查偏差；二是问卷的复核检验工作由计算机依据设定的检验条件自动实施，有效保证了调查结果通过复核检验，保证了检验与控制的客观性和公正性；三是利用被调查者的身份验证技术，可以有效防止信息采集过程中的虚假行为。

但是网络调查也存在一些不足。调查问卷多为被调查者自愿填写，因此得到的样本多为对调查方向感兴趣的被调查者，而其他对调查方向不太感兴趣的人则没有表达意见，因此运用回收到的信息对总体进行估计和预测时可能会产生一些偏差；另外，网络调查对目标群体也有一定的限制，对一些网络普及率不高的贫困地区的被调查者和不会使用智能设备的老年群体难以进行网络调查。

实践中，研究人员可以使用问卷星等工具来实现网络调查。问卷星是一个专业的在线问卷调查、测评、投票平台，专注于为用户提供功能强大、人性化的在线设计问卷、采集数据、自定义报表、调查结果分析等系列服务，问卷星网址为 https：//www.wjx.cn，其首页如图 4-1 所示。

图 4-1 问卷星首页

与传统调查方式相比，问卷星具有快捷、易用、低成本的明显优势，已经被大量企业和个人广泛使用。问卷星公布了很多调查问卷，可供用户查看，如图 4-2 所示。

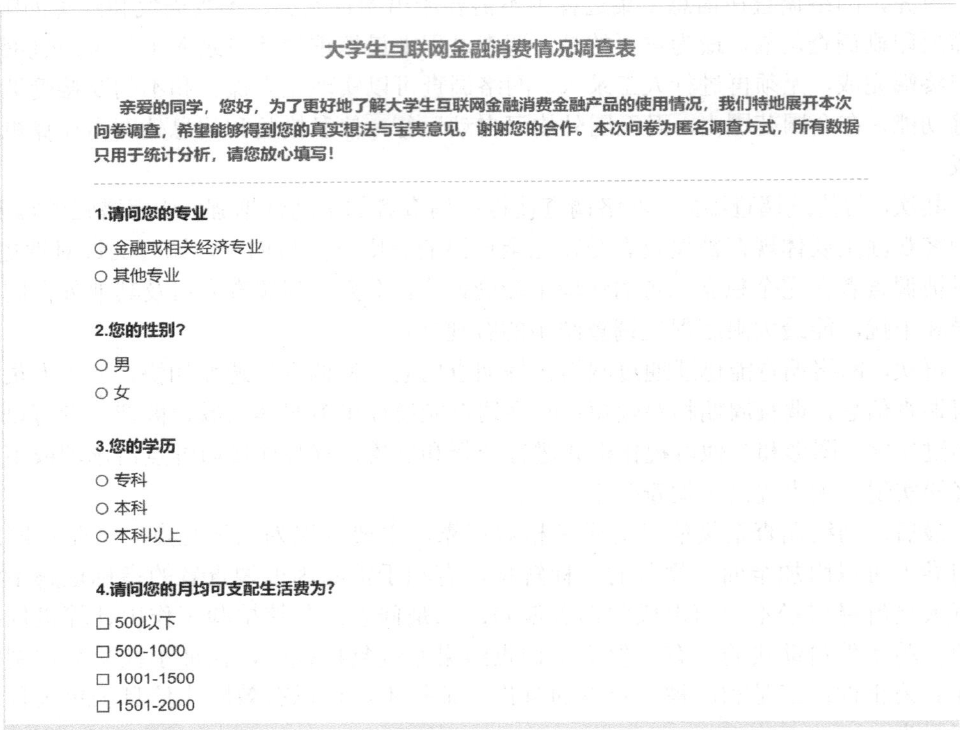

大学生互联网金融消费情况调查表

亲爱的同学，您好，为了更好地了解大学生互联网金融消费金融产品的使用情况，我们特地展开本次问卷调查，希望能够得到您的真实想法与宝贵意见。谢谢您的合作。本次问卷为匿名调查方式，所有数据只用于统计分析，请您放心填写！

1.请问您的专业

○ 金融或相关经济专业
○ 其他专业

2.您的性别？

○ 男
○ 女

3.您的学历

○ 专科
○ 本科
○ 本科以上

4.请问您的月均可支配生活费为？

□ 500以下
□ 500-1000
□ 1001-1500
□ 1501-2000

图 4-2 问卷星中的“大学生互联网金融消费情况调查表”截图

第六节 拦截式调查

拦截式调查是指调查人员在特定场所（超市、写字楼、车站、停车场等）拦截过往行人，对符合条件者进行问卷调查。在街头拦截抽取的样本不具有代表性，其调查结果不能直接用于推断总体情况。目前入户面访调查受到客观条件的限制，实施的难度越来越大，很多调查公司把拦截式调查作为入户面访调查的替代调查方法。

拦截式调查常用在商业性消费者行为及态度研究中。比如，调查消费者购买方便食品的偏好、购买习惯、决策方式等；在某个商业街区中心拦截购物消费者，了解其来此街区购物所考虑的因素；等等。

拦截式调查主要有以下两种形式。

第一种形式是街头不定点拦截式调查。该形式由经过培训的调查人员在事先选定的若干个地点，如交通路口、户外广告牌前、商场或购物中心内外、展览会内外等，按照一定的程序和要求选取调查对象，征得其同意后，在现场按照问卷进行简短的拦截式调查。这种方式常用于需要快速完成的探索性研究。

第二种形式是定点拦截式调查。定点拦截式调查又称中心地调查或厅堂测试，在事先选定的若干场所内，按照一定的程序和要求在这些场所附近拦截调查对象，征得其同意后，将其带到事先选定的房间或厅堂内进行调查。这种形式常用于需要进行实物展示或特别要求有现场控制的探索性研究，有时还可用于进行实验的因果关系研究，如广告效果测试、某种新开发产品的试用实验等。

调查人员对出现在拦截地点的人进行抽样，通常可以采取每隔几分钟拦截一位，或每隔几个行人拦截一位等方式。拦截式调查的时间通常安排在星期六、星期日或节假日，以保证时间的充裕及街头的人流量。地点选择要求为出现在附近的被调查者的社会层次相对均衡，能覆盖来自各个地区及各个社会层次的人群。

拦截式调查具有很多优点：第一，节省费用。由于被调查者出现在调查人员的面前，调查人员可将大部分时间用于访谈，而节省了入户面访调查的行程时间及差旅费用。第二，避免入户困难问题。在公开场所，被调查者没有过度的私密感，相对来讲比较容易接受调查。第三，便于对调查人员进行监控。拦截式调查在选好的地点进行，可以指派督导人员现场进行监督以保证调查的质量。

然而拦截式调查也存在一定的缺点：第一，不适合的调查内容较多。对一些较复杂问题或不能公开问题的调查可能会引起被调查者的反感而遭到拒访。第二，拦截式调查的精确度可能很低。由于随机拦截所调查的样本，调查对象在调查地点的出现带有较强的偶然性，可能会影响调查的精确度。第三，拒访率较高。拦截式调查的调查对象有较多理由来拒绝接受调查，因此，拦截式调查的拒访率较高，从而使得调查时间和调查费用增加。

第五章

调查问卷的设计

学习要求：
1. 学习调查问卷的结构与内容
2. 了解调查问卷的分类与应用
3. 掌握调查问卷的设计与检验

在调查过程中，为收集到可靠的资料，通常使用调查问卷这种控制式测量方式对所研究的问题进行度量。调查问卷凭借其优势，是市场调查中运用最为广泛的调查工具之一。调查问卷在市场调查中具有举足轻重的地位，其设计水平对调查质量有重要影响。

第一节　调查问卷的类型与基本结构

调查问卷是指用于统计和调查、以设问的方式表述问题的调查工具。调查问卷系统地记载了所需调查的具体内容，是了解市场信息资料、实现调查目的和任务的一种重要形式。以事先设计好的统一调查问卷进行调查，调查的标准化程度较高，可以节约成本。

一、调查问卷的分类

在获取一手资料的过程中，市场调查广泛使用调查问卷来收集调查所需的资料。根据不同的标准，可以把调查问卷分为不同的种类。

（一）根据调查方法分类

根据市场调查方法，调查问卷可分为访问调查问卷、邮寄调查问卷、电话调查问卷和网络调查问卷等。

1. 访问调查问卷

访问调查问卷是调查人员采用面对面的方式会见被调查者本人，按照调查问卷进行口头提问，然后将回答的内容记录在调查问卷上的一种问卷，也是应用最为广泛的调查问卷。访问调查问卷的应答率高、可召回性强，调查人员可以设法确保被调查者独立回答问题，并能督促被调查者按问卷问题的设计顺序回答，从而保证回答的完整性。一般情况下，访问调查问卷的费用高，且容易受调查人员的影响，匿名性也较差。被调查者对调查人员的某些行为和举止有偏见或不理解，就会导致调查出现差错或有意说谎的情况。有时调查人员对被调查者的意思没有正确理解或正确记录也可能出现差错。

2. 邮寄调查问卷

邮寄调查问卷是调查人员向被调查者邮寄并请对方答完后寄回所应用的调查问卷。邮寄调查问卷不要求调查人员直接会见被调查者本人，只需完成调查问卷的邮寄和回收工作，因此不需要大量的调查人员，节约了成本。但相对于访问调查问卷，邮寄调查问卷的可召回性较弱，也无法确保被调查者独立回答问题。同时没有调查人员的辅助，无法讲解和解释题目，因此邮寄调查问卷要求题目通俗易懂，尽量避免出现专业程度较高或过于拗口的问题。

3. 电话调查问卷

电话调查问卷是利用电话方式进行调查时所应用的一种调查问卷。通常由电话调查人员诵读电话调查问卷，被调查者通过电话回答问题。近年来，电话调查被广泛应用，具有时效快、费用低等特点。但电话调查问卷也有一些限制，如题目必须简洁易懂，不能包含图片或表格等信息等。

4. 网络调查问卷

网络调查问卷是调查人员通过网络邀请被调查者回答问卷以获取市场信息时所用的调查问卷。网络调查问卷克服了电话调查问卷不能呈现图片或表格的弊病，也解决了邮寄调查问卷的周期过长的问题，同时可以通过技术手段控制被调查者的答题顺序，被很多调查机构和个人广泛使用。由于没有调查人员的现场解释，网络调查问卷只适用于具有一定文化程度的人群，应用范围受到一定限制。

（二）根据调查问卷用途分类

根据调查问卷的用途，调查问卷一般包括三种类型：甄别式问卷、调查式问卷和回访式问卷。

1. 甄别式问卷

甄别式问卷是为了确认被调查者是调查产品的目标消费群体而设计的调查问卷。甄别式问卷包括对产品适用性、产品使用频率、产品评价是否有特殊影响因素及被调查者人口特征信息、是否持拒绝态度等方面的调查。

2. 调查式问卷

调查式问卷是调查问卷的关键，也是研究的主体形式。对于调查问卷来说，可以没有甄别式问卷，也可以没有回访式问卷，但是必须有调查式问卷，它是调查分析的基础。

3. 回访式问卷

回访式问卷又称复核问卷，是指为了检查调查人员是否按照要求进行调查而设计的一种监督形式的问卷。回访式问卷由卷首语、甄别式问卷的所有问题和调查式问卷的一些关键性问题组成。

上述三种类型的问卷并不是非此即彼的关系，在一次市场调查的过程中可能会全部用到。

（三）根据填写方式分类

根据填写方式，调查问卷分为自填式问卷和代填式问卷。

1. 自填式问卷

自填式问卷是交由被调查者自行填写的问卷，主要适合邮寄问卷调查、宣传媒介开展的问卷调查等。自填式问卷要求格式清晰、问题简单、说明详细，重点在于被调查者能够接受调查问卷并正确理解和填答。

2. 代填式问卷

代填式问卷是调查人员根据被调查者的回答而填写的调查问卷。代填式问卷主要适合入户面访调查、座谈会调查及电话调查等，注重对调查问卷的实地处理。

二、调查问卷设计的基本结构

调查问卷是一种以书面形式了解被调查者反应和态度并以此获得资料和信息的载体，是目前最为普遍的、用于收集一手资料的调查工具。好的调查问卷既能将问题传达给被调查者，又能使被调查者乐于回答，可以有效帮助调查人员获取信息并进行科学的分析预测。一般来说，一份调查问卷要包含以下七个部分。

（一）调查问卷的标题

调查问卷的标题概括说明了调查研究的主题，使被调查者对所要回答的问题有一个大致的了解。调查问卷的标题不仅要简明扼要，使被调查者一目了然，而且要表现出调查活动的研究主题，引起被调查者的兴趣，增强被调查者答题的积极性。例如，将“大学生就业状况调查”“河北省湿地污染情况调查”等作为标题，不宜直接采用“问卷调查”这样的标题。

（二）调查问卷的说明

调查问卷的说明是指在调查问卷的正式问答环节之前进行的简要介绍，可以是一段告知调查对象的背景介绍，也可以是指导语。调查问卷的说明要明确该次调查的目的和意义，以及填答调查问卷的要求和注意事项等，有些调查问卷还明确了填表须知、交表时间、地点及其他事项说明等。

被调查者可以通过调查问卷的说明来了解调查目的，消除顾虑，并按要求填写调查问卷。调查问卷的说明既可以采取开门见山的方式，力求通俗易懂，也可以带有引导性质以引起被调查者的重视。不论选择哪种方式，调查问卷说明的文字应尽量简洁明确，语气要谦虚诚恳。例如：

案例一：

在校大学生共享单车使用情况的调查

亲爱的同学：

我们是河北大学的学生，正在进行一项关于大学城学生共享单车使用情况的调查，希望占用您一些时间。您只需根据您的经验回答，没有对错之分。感谢您对我们工作给予的支持。

案例二：

河北省生态保护情况调查

您好：

我们是河北大学的学生，正在进行一项有关生态环境保护的调查。生态环境保护是社会生活中的一个重要方面，提高公民的生态环保意识是建设和谐社会的重要前提，我们有责任和义务为河北省的生态环境保护贡献自己的一份力量。请您认真填写，感谢您的参与！

（三）调查人员的信息

在调查问卷的开头应收集调查人员的信息，填写调查人员的姓名、访问日期、访问地点等，明确调查人员完成任务的情况，以便在字迹不清等情况时可以及时寻找该调查人员进行核对。如有必要，还可写上被调查者的姓名、电话等，以便于审核和进一步追踪调查，涉及被调查者隐私的调查问卷除外。

（四）被调查者的基本情况

这部分主要是对被调查者的人口信息特征进行调查，以便对调查资料进行统计分组和分析。在实际调查中，设置哪些人口信息内容，设置多少人口信息内容，应根据调查目的与调查要求而定。在调查问卷中，往往收集被调查者的性别、年龄、受教育程度、家庭年收入等信息。

（五）调查问卷的主体部分

调查问卷的主体部分是按照调查目的和要求，调查人员所要了解的基本调查内容，也是调查问卷中最重要的部分，由一系列的调查问题和相应的选项构成。调查问卷的主体部分主要有以下几项：第一，对人们的行为进行调查，包括对被调查者的行为进行了解或通过被调查者了解他人的行为；第二，对人们的行为后果进行调查；第三，对人们的态度、意见、感觉、偏好等进行调查。

调查问卷设计是否合理，能否满足调查目的和要求，关键就在于调查问卷主体部分的设计水平和质量。同时调查问卷的主体部分不宜过长，当调查问题过于烦琐和冗长时，被调查者容易产生厌烦情绪。

（六）编码

编码是将调查问卷中的调查问题及答案变成可量化处理的数据的工作过程。并不是所有市场调查都需要编码过程，但大多数调查问卷需要加以编码以便分类整理。编码后的数据更容易通过计算机进行处理和统计分析。一般情况下，在调查问卷设计之初，应确定每一个调查题项的编号，为后期的编码做准备。

（七）致谢

在问卷的结束部分，为了表达对被调查者真诚合作的感谢，调查人员应当表示谢意，写上一些感谢的话语。

第二节　调查问卷设计的内容

通过前面的学习，我们可以看出调查问卷在整个市场调查中的重要作用，那么如何设计一份好的调查问卷就是本节我们所要学习的内容。首先，我们要了解问卷设计所要遵循的一般原则；其次，在掌握这些原则的基础上梳理调查问卷的设计步骤；最后，对调查问卷中最重要的两个部分——调查问题的设计和调查问题答案的设计进行详细讲解。为了使调查工作中付出的精力得到回报，应特别重视调查问卷的设计工作，掌握好设计调查问卷的技术。

一、调查问卷的设计原则

调查问卷要严格遵循设计原则，这样才能保证调查结果具有科学性。为了保证调查问卷的有效，充分发挥调查功能，调查问卷设计时应遵循以下原则。

（一）目的性原则

问卷调查是通过向被调查者询问问题来进行的，询问的问题必须与调查主题有密切关系。这就要求在调查问卷设计时，应重点突出，目的性明显。按照调查目的，把调查主题分解为更详细的条目，然后采用具体的询问形式供被调查者回答。只有坚持目的性原则，问卷调查才能获得所需的数据，同时也能避免无用问题延长调查时间的问题。

（二）普遍性原则

在实际调查中，被调查者的特征不同，其受教育程度、理解能力、道德标准、宗教信仰、生活习惯、职业和家庭背景等均可能存在较大差异，加上调查人员本身的专业知识与技能水平不同，调查问卷的设计必须满足普遍性原则。尽量避免出现专业程度较高和过于冗长拗口的问题，确保每个被调查者都能准确理解题目与答案的含义。

（三）可接受性原则

被调查者对是否参加调查有着绝对的自由，或者说参加调查活动对被调查者来说是一种额外任务。被调查者既可以采取合作的态度接受调查，也可以采取对抗行为而拒答，因此调查问卷的设计应比较容易让被调查者接受。调查问卷的内容要自然、有礼貌，必要时可采用一些物质鼓励，并为被调查者保密。此外，特定群体和特定主体的调查问卷还应使用适合被调查者身份、文化水平的用语，尽量避免令被调查者难堪或反感的问题。

（四）逻辑性原则

在设计调查问卷时，要讲究调查问题排列的顺序，使调查问卷条理清楚、逻辑性强，有效提高被调查者回答问题的效率。一般情况下，调查问卷将调查问题按时间顺序或类别顺序等排列。需要注意的是，比较容易回答的问题（如行为性问题）应放在调查问卷的前面；较难回答的问题（如态度性问题）应放在中间；敏感性问题（如动机性、涉及隐私等问题）应放在后面；被调查者的人口特征信息问题应放在末尾。封闭型问题已列出备选的全部答案，比较容易回答，而开放型问题需要被调查者花费一些时间考虑，放在前面易使被调查者产生畏难情绪，因此，一般封闭型问题放在前面，开放型问题放在后面。

（五）简明性原则

调查问卷设计的简明性原则主要体现在以下几个方面：第一，调查内容要简明。没有价值或无关紧要的问题不要列入，同时要避免出现重复问题，力求以最少的内容设计收集到必要的、完整的信息资料；第二，调查时间要简短，调查主题和整个调查问卷均不宜过长。根据以往经验，一般调查问卷的回答时间应控制在30分钟以内；第三，问卷设计的形式要简明易懂、易读。

（六）中立性原则

中立性原则又称非诱导性原则，是指调查问卷的问题的设置要保持中性立场，不参与提示或只凭主观臆断，将被调查者的独立性与客观性完全反映在调查问卷结果之中。只有坚持中立性原则的调查问卷才能获得真实准确的信息。如果调查问卷中包含诱导和提示性问题，被调查者就会不自觉地产生选择倾向，从而影响事物的真实性。

（七）方便性原则

成功的调查问卷设计应考虑调查结果的说服力以及调查结果是否容易得出，这就涉及调查问卷在调查后的整理与分析工作。方便性原则是指要使被调查者方便作答，且调查结果便于后期的检查、数据处理和分析。设计调查问题的结果应事先考虑到，不同的调查结果均能被适当分类和解释，使所得资料便于后期整理分析。

二、调查问卷的设计步骤

设计一份完善的调查问卷并非一件轻而易举的事情，调查问卷的设计人员除了要具备统计、经济、心理等多方面的知识外，还需要掌握调查问卷的设计流程。一般情况下调查问卷的设计过程包括以下四个阶段。

（一）准备阶段

在准备阶段，根据调查目的和要求确定调查主题的范围与调查项目。在这个阶段，将所需的调查问卷资料一一列出，分析哪些是主要资料，哪些是次要资料，哪些是调查的必备资料，哪些是可选资料，确定哪些资料需要通过调查问卷来获得，明确调查对象的范围等；同时，掌握调查对象的情况，了解调查对象的行为规范、社会环境等社会特征，掌握调查对象的文化程度、知识水平、理解能力等文化特征，分析调查对象的需求动机、行为等心理特征，将这些信息作为拟定调查问卷的基础。

在准备阶段，调查问卷设计者应充分征求有关专家和人员的意见，以便了解调查问卷中可能出现的问题，力求使调查问卷切合实际，问题的设置能够充分满足研究分析的需要。调查问卷设计的准备阶段是整个调查问卷设计的基础，是调查活动能否成功的前提条件。只有做好充足的准备工作，才能设计出优秀的调查问卷。

（二）初步设计阶段

在准备阶段后，问卷设计者可以根据收集到的资料，按照设计原则设计调查问卷的初稿。初稿主要包含确定问卷结构、拟定编排问题等。在初步设计中，首先要标明每项资料需要采用何种方式进行提问，并尽量详尽地列出对应的调查问题，然后对调查问题进行检查、筛选、编排，设计好每个项目。对提出的每个问题，都要充分考虑到是否有必要，能否顺利得到被调查者的响应。

在初步设计阶段，要考虑调查问卷是否需要编码，以及明确需要向被调查者说明的调查目的、要求、注意事项等。初步设计阶段是设计调查问卷的重要阶段，需要设计者有足够的耐心，精心研究，反复推敲。

（三）试答与修改阶段

无论从实践的角度还是从理论的角度来看，调查问卷的设计人员不可能对所有主题都有非常深刻且全面的理解，因此经过初步设计得到的调查问卷或多或少存在一些问题，需要不断试答与修改。

试答是指将初步设计出来的调查问卷，在小范围内进行试验性调查，以便弄清初步设计的调查问卷中存在的问题，了解被调查者是否愿意回答以及是否能够回答所有的问题，分析调查问卷中是否存在语句不清、多余或遗漏的情况，查看调查问题的顺序是否符合逻辑以及回答的时间是否过长等。对于发现的问题，要及时进行修改，使调查问卷更加完善。在实践中，问卷的试答与修改可能只进行一次，也可能进行多次，要根据调查问卷的具体情况来决定其次数。

（四）定稿印刷阶段

在试答与修改阶段之后，最终定稿，调查问卷形成。按照调查工作的需要对问卷进行打印或印刷，制成正式的调查问卷。这是设计调查问卷的最后一步。需要注意的是，一般情况下除了按需印刷，还需要预留出一些备用调查问卷，以便应对临时突发情况。

三、调查问题的类别与选择

在市场调查问卷中，调查问题是整个调查问卷的核心。在设计调查问卷时必须仔细考虑调查问题的类别，否则将会影响调查的效率与质量，甚至导致市场调查的失败。因此了解调查问题的类别并进行合理的选择是十分重要的。在市场调查中，调查问题的类型主要有以下三种划分方式。

（一）按调查问题的含蓄程度

按含蓄程度，调查问题可分为直接性问题和间接性问题。

1. 直接性问题

直接性问题是指在调查问卷中采用直接提问方式的问题。直接性问题通常给被调查者划定一个明确的范围，如调查问题是询问个人基本情况或意见，“您的年龄”“您的学历”等，对这些问题给出明确的答案。这种问题便于进行后续的统计分析。但当遇到一些窘迫性问题时，冒昧采用直接性问题，则可能很难得到所需要的答案。

2. 间接性问题

间接性问题是指不宜直接回答，而采用间接提问方式的问题。通常，被调查者遇到不敢或不愿真实表达意见的问题时往往会产生顾虑。这时，调查人员不应为得到直接的结果而强迫被调查者，因为强迫被调查者往往会出现不愉快或难堪的情况。这时尝试采用间接性问题，使被调查者发现已有的意见和观点，被调查者只需对这些意见和观点加以评价。采用间接性问题，可以排除调查人员和被调查者之间的某些障碍，保证被调查者对间接性问题提出不带掩饰的真实意见。例如，调查人们对未成年人隐私权的看法时，可以这样提问：

A：有人认为应特别重视未成年人隐私权保障的问题。

B：另一部分人认为未成年人隐私权问题并不一定需要特别提出。

您认为哪些看法更为正确？

对 A 种看法的意见：①完全同意；②有保留的同意；③不同意。

对 B 种看法的意见：①完全同意；②有保留的同意；③不同意。

与采用直接性问题相比，采用这种间接性问题更容易获得被调查者的信任，可以更有效地收集调查数据。

（二）按调查问题的目的

按调查问题的目的，调查问卷中的问题可以分为事实性问题、行为性问题、动机性问题和态度性问题。

1. 事实性问题

事实性问题要求被调查者回答一些客观事实性的问题，如“您通常什么时候做运动？”。这类问题的主要目的是获得调查目的所需要的事实性资料。因此，事实性问题必须表达清楚，使被调查者容易理解并回答。通常在调查问卷的结尾要求被调查者填写人口特征资料，如职业、年龄、收入、家庭状况、受教育程度、居住条件等，这些问题均为事实性问题。

2. 行为性问题

行为性问题是对被调查者的行为特征进行调查。比如，“您是否学习过音乐?”“作为一名主管，您曾如何处理棘手的员工问题？”。

3. 动机性问题

动机性问题主要了解被调查者实施某种行为的原因或动机。比如，“您为什么选择购买这个品牌?”“您为什么参加话剧社?”等。对于动机性问题，被调查者的行为可以是出于意识动机，也可以是出于半意识动机或无意识动机。

4. 态度性问题

态度性问题是有关被调查者态度、评价、意见等的问题。比如，“您是否喜欢××牌子的汽车？”。

（三）按调查问题的封闭程度

按调查问题的封闭程度，调查问卷中的问题可以分为开放型问题、封闭型问题和半封闭型问题。

1. 开放型问题

开放型问题是指不列出可能的答案，而是由被调查者自由作答的问题。开放型问题可以让被调查者充分表达自己的看法和理由，激发被调查者的自由思维，阐明被调查者的观点，容易引出被调查者的建议。有时开放型问题还可获得调查人员始料未及的答案，主要适用于探索性研究。

开放型问题需要被调查者花费较多时间和精力整理思路，寻找适当词语表达，要求被调查者有较高的逻辑思维能力。在开放式问题收集到的资料中，无用信息较多，对其往往无法进行归类编码，也难以将其转换为有意义的变量做统计分析。

2. 封闭型问题

封闭型问题是指已事先设计出各种可能的答案，被调查者只能从中选定一个或几个现成答案的问题。封闭型问题的答案标准化程度较高，不仅方便被调查者进行回答，而且易于调查人员进行各种统计处理和分析。但封闭型问题的缺点是被调查者只能在规定的范围内选择回答，无法反映除选项外的其他真实想法。

3. 半封闭型问题

半封闭型问题是开放型问题和封闭型问题的折中。虽然半封闭型问题提供选项，但被调查者还可以创造自己的答案。例如：

您求助于哪一类人员最多？（请只选一项）

①家庭服务协调者

②医院的社会工作者

③社区精神科医生

④其他（请注明：____________）

半封闭型问题可以为被调查者提供一定的自主回答机会，“其他”选项也能提供一些新的内容和信息。但如果“其他”类型很多，则表示设计者已提供的选择项目可能不够充足。有些被调查者出于方便往往选择已有选项，而不是表达自己的意见。

在一份调查问卷中，开放型问题、封闭型问题和半封闭型问题往往相互补充，设计者根据项目的需求进行甄别选择。在现实市场调查活动中，大多运用多种问题相结合的方式组成调查问卷。

在问题设置时，需要特别注意以下几个方面。

第一，调查问卷中问题的表述要客观、准确、具体，避免抽象、笼统和有多重含义，不能带有诱导性和倾向性的文字。例如，“您认为今年超市供应和物价怎样?”。这种提问太笼统，又在一个问题中涉及两个方面，有多重含义，被调查者难以回答。

第二，对于敏感性问题，尽量不要采用直接询问的方式。例如，“假定对人口生育不加限制，您认为多子女和独生子女哪种情况更有利于培养子女成才？”。

第三，调查问卷中所设计的一系列调查问题，要讲究排列顺序。如果在调查问卷中有调查问题需要跳问，应在题目后面注明，并注意问题的逻辑顺序。

第四，调查问题要考虑时间性，时间间隔过长的问题易使人遗忘，如“您过去一年中平均每天看几个小时的电视？”。除非被调查者有自主的连续记录，否则很难回答出此类问题。一般，这种情况可将问题设置为“您过去一周中平均每天看几个小时的电视？”。显然，缩短时间范围可使被调查者较容易答出问题，其答案也比较准确。

第五，设计的调查问题要有明确的界限。对于年龄、家庭人口、经济收入等调查题项，被调查者有时会产生有歧义的理解，如年龄有虚岁、实岁之分，家庭人口包括常住人口和生活费开支在一起的人口，经济收入是仅含工资还是奖金、补贴、其他收入、实物发放折款收入也包含在内。如果调查人员对此没有很明确的界定，调查结果很难达到预期要求。

第六，调查问题要具体。一个调查问题最好只涉及一个要点，如果一个调查问题包含过多询问内容，会使被调查者无从答起，同时给统计处理带来困难。例如，“您为何不去动物园而去植物园?”，这个调查问题包含了“您为何不去动物园？”、“您为何要去植物园？”及“什么原因使您改去植物园？”三个要点。防止出现此类问题的办法是分离问题，使得一个调查问题只涉及一个要点。

四、调查问题答案的类别与选择

在市场调查中，无论是何种类型的调查问题，都需要事先对调查问题的答案进行匹配设计。调查问题答案的设计，可以根据具体情况选择不同的答案种类。

（一）二项选择法

二项选择法也称真伪法或二分法，是指调查问题仅有两种答案可以选择，如“是”或“否”、“有”或“无”等。处于对立面的两种答案彼此相互排斥，被调查者的回答非此即彼，不会有更多的选择。例如：

“您家里现在有私家车吗?”（请在您认为正确的选项后面画√）

有（　）无（　）。

二项选择法易于理解，可迅速得到明确的答案，便于统计处理，比较容易进行分类分析。但被调查者没有进一步阐明理由的机会，难以反映被调查者的意见与程度差别，了解的情况也不够深入。二项选择法适用于互相排斥的二选一问题及较为简单的事实性问题。

（二）多项选择法

多项选择法是指调查人员事先设计好两个以上的答案，被调查者可任选其中的一项或几项。例如：

“您喜欢下列哪种牌子的洗发水？”（请在您认为合适的括号内画√）

飘柔（ ） 力士（ ） 潘婷（ ） 丝蕴（ ）

海飞丝（ ） 清扬（ ） 沙宣（ ）

所设答案不一定能涵盖被调查者的所有认知，所以最后一个选项通常可设“其他”，以便所有被调查者均能表达自己的看法。又例如：

“您喜欢下列哪一种牌子的蛋糕？”（在您认为合适的括号内画√，若有其他答案，请在“其他”后的括号内填写）

好利来（ ） 元祖（ ） 幸福西饼（ ）

小蜜蜂（ ） 诺心（ ） 其他（ ）

相比于二项选择法，多项选择法的强制性有所缓和，答案有一定的范围，也比较容易进行统计处理。采用这种方法时，设计者要考虑以下三种情况：第一，要考虑到全部可能出现的结果，防止答案出现重复和遗漏。第二，要合理安排答案的排列顺序。有些被调查者喜欢选择第一个答案，从而使调查结果发生偏差。第三，当样本量有限时，多项选择法使调查结果分散，缺乏说服力。多项选择答案过多会使被调查者无从选择或产生厌烦，因此一般情况下多项选择答案应控制在八个以内。

（三）排序法

排序法是指列出若干项目让被调查者按重要性进行排序。排序法主要有两种：一种是对全部答案排序；另一种是只排序排名较高或排名较低的答案，究竟采用何种方法，设计人员需要在调查问题中予以明确。具体排列顺序由被调查者根据自己看待事物和认识事物的程度等进行排序。例如：

“您选购汽车的主要条件是什么?”__________（请将所给选项的字母按重要性由高至低进行排序，并填写在题后的横线上）

A. 价格 B. 外形 C. 维修与售后服务

D. 品牌 E. 经久耐用 F. 油耗

排序法便于被调查者对其意见、动机和感觉等做出衡量和比较性的表达，也便于对调查结果加以统计分析，适用于答案有先后顺序的问题。但排序法涉及的选项不宜过多，否则容易导致选项分散、排序困难。另外，选项的原始排列顺序也可能对被调查者产生某种暗示影响。

（四）回忆法

回忆法是指通过被调查者回忆来了解其对不同商品质量、品牌等方面印象的方法。例如，“请您举出最近在电视广告中出现的洗发水有哪些牌子?”。在调查过程中，调查人员可根据被调查者所回忆品牌的速度及各品牌被回忆出的频率进行分析研究。回忆法在品牌广告效应调查中应用广泛。

（五）态度量表法

态度量表法也可称自我报告测量法，是将一些社会事件的陈述作为刺激，并引起被调查者的态度反应，依据被调查者的回答反应给予分数或等级的评定以确定其态度状况的方法。例如：

请对商场某服装公司的下述各方面做出评价。

品牌形象： A. 非常好 B. 比较好 C. 一般 D. 比较差 E. 非常差

广告宣传： A. 非常好 B. 比较好 C. 一般 D. 比较差 E. 非常差

服装质量： A. 非常好 B. 比较好 C. 一般 D. 比较差 E. 非常差

销售人员素质： A. 非常好 B. 比较好 C. 一般 D. 比较差 E. 非常差

有时为了便于对数据进行处理，可以采用选项定量化操作，即将答案中的每个选项按重要程度赋分为5、4、3、2、1。

（六）自由回答法

自由回答法是指调查人员提出问题，被调查者可以自由发表意见且没有已经拟定好的答案。

例如，您觉得这款洗发水有哪些缺点?____________________。

您认为应该如何改进电视广告?____________________。

自由回答法涉及面广，灵活性大，被调查者可充分发表意见，缩短了调查人员和被调查者之间的距离，可以迅速营造出调查气氛。利用自由回答法有时会收集到一些意料之外的资料。

被调查者提供答案的想法和角度不同，因此在答案分类时往往会出现困难，数据资料难以分类和整理，也可能因被调查者表达能力的差异形成调查偏差。同时，被调查者由于时间紧迫或缺乏心理准备，往往放弃回答或答非所问，因此采用自由回答法的问题不宜过多。自由回答法适用于不能预期答案或不能限定答案范围的问题，常出现在调查问卷主体部分的最后。

除了以上介绍的应用较为广泛的调查问题答案类型之外，还有许多其他的答案类型。与调查问题的设计一样，一份调查问卷中通常会用到多个种类的调查问题答案设计。在问卷设计的过程中，应根据调查的需要和调查问题的设置，合理选择与之匹配的调查问题答案种类。

第三节 量表设计

量表是由一组相互联系的测量指标与量化的若干可供选择答案所构成的用来测定研究对象主观意识特征的一种工具。在调查问卷中，常常对被调查者的态度、意见或感觉等心理活动进行判别和测定，如居民对肉价上涨的态度和评价，消费者对某种日用品的喜欢程度等，都要借助定量处理方法加以测定。量表有效解决了这些定量化问题，可以将所要调查的定性资料定量化，帮助调查人员对被调查者的态度和评价进行测量。

一、量表的类型

量表的种类很多，主要有类别量表、顺序量表、等距量表和等比量表。

（一）类别量表

类别量表又称名称量表，是以调查对象的类别方式进行记分的量表。例如：

“请问您知道××牌蛋糕吗?”

①知道　　②不知道

在类别量表中，使用数字代表事物或使用数字对事物进行分类，因此数字只是事物的符号，没有任何数量的意义，不能进行代数运算。类别量表中所列答案是不同性质的，每一类答案只表示分类，不存在比较关系，被调查者只能从中选择一个答案，而不必对所有答案加以比较。

（二）顺序量表

顺序量表也称等级量表，是按某种属性排出的等级次序量表。顺序量表没有相等的单位和绝对零点，原则上测试结果不能作数学运算。例如：

请在下列数字后依次给出您第一喜欢的蛋糕品牌、第二喜欢的品牌、第三喜欢的品牌……

①______　②______　③______　④______　⑤______

例中，①、②、③、④、⑤等符号仅表示登记的顺序，并不表明量的绝对大小。顺序量表的题目容易设计、易于使用，且被调查者比较容易接受。在顺序量表中，被评价的事物被排成一定的顺序，促使被调查者用客观现实态度进行评价。如果测量的某些因素超出了被调查者的认知选择范围，就可能产生毫无意义的数据，结果会产生误导。

（三）等距量表

等距量表也称区间量表，是测量被调查者对于喜欢或不喜欢某种商品次序之间差异距离的一种工具。在等距量表中，量表的数字距离代表所测量变量的数量差值。等距量表包含顺序量表提供的信息，并且可以让我们比较对象间的差别，以数字之差反映量表变量的差距。一般情况下，等距量表中相邻数值之间的差距是相等的。例如：

请您用 10 分制对××公司的满意度进行打分，1 分表示很不满意，10 分表示很满意。

很不满意　1 2 3 4 5 6 7 8 9 10　很满意

等距量表是具有相等距离但没有绝对零点的量表，因此只能说 6 分结果与 5 分结果之间的差和 4 分结果与 3 分结果之间的差是相同的，但不能说 8 分结果为 4 分结果的 2 倍。

（四）等比量表

等比量表是将各个类别之间的顺序关系转换成比率的量表，包含一个真正的零点，比如对身高、体重、收入等变量的测量，市场营销研究中的销售额、生产成本、市场份额、消费者数量的测量等。与其他量表相比，等比量表的测量相对较为困难，在市场调查中很难完全实现。

量表可以对被调查者回答的强度进行测量，并且将被调查者的回答转换成用于编码的数字，进而使用统计分析工具进行测度和研究。但量表对被调查者的记忆和回答能力要求较高，容易引起被调查者的误解，因此在调查问卷的设计过程中，应对量表进行合理的选择与运用。

二、评比量表

评比量表又称评价量表，针对提出的问题以两种对立的态度为两个端点，在两个端点中间按程度顺序排列出不同的态度，由被调查者从中选择适合自己态度表现的选项。

根据量表形式，评比量表分为图示评价量表与列举评价量表两种。图示评价量表要求被调查者在一个有两个固定端点的图示连续体上进行选择；列举评价量表要求被调查者在有限类别的表格标记中进行选择。列举评价量表比图示评价量表更容易构造和操作，在可靠性方面也更好，但是图示评价量表可以更好地衡量客体的细微差别。

案例分析：美特斯邦威顾客满意度调查问卷

美特斯邦威顾客满意度调查问卷

亲爱的先生、女士您好：

本问卷是一份关于休闲服装顾客满意度的学术性研究问卷，主要探讨顾客满意度和顾客忠诚度方面的内容。因此希望借由您对休闲服装使用情况的评价，来完成本研究的内容。

问卷均采取匿名方式，所有资料仅供学术研究之用，请安心填答。诚挚感谢您的帮忙与支持！

甄别问卷

A01. 请问您或您的家人是否在以下行业工作呢？（单选）

广告公司/市场调研公司（部门）/杂志报纸等媒体	1→终止访问
服装公司/服装专卖店或与服装相关的行业	2→终止访问
以上皆无	3→A02

A02. 请问最近三个月内，您是否购买过美特斯邦威的服饰（含调查当日购物）？（单选）

没有	1→终止访问
有	2→跳至主体问卷

主体问卷

（1）请问您对目前使用的美特斯邦威产品的满意度如何？请在下列对应的数字上打√，填写适当的答案（单选）。

顾客满意度	非常不同意→非常同意
B01.请您回顾您的使用经历，总的来说，您对美特斯邦威产品是感到满意的	1 2 3 4 5 6 7 8 9 10
B02.与购买前预期相比，您认为美特斯邦威产品的使用情况与您的预期很接近	1 2 3 4 5 6 7 8 9 10
B03.与您理想中的休闲服装相比，您现在使用的美特斯邦威产品与其非常接近	1 2 3 4 5 6 7 8 9 10

（2）下列是有关您对休闲服装忠诚度的问题，请在下列对应的数字上打√，填写适当的答案（单选）。

顾客忠诚度	非常不同意→非常同意
B04.如果再次购买休闲服装，您愿意继续选购现在这个品牌	1 2 3 4 5 6 7 8 9 10
B05.假设在一定的时期内，其他品牌的同类休闲服装价格下降，您所使用产品的价格没有变化，您仍然会再次购买该产品	1 2 3 4 5 6 7 8 9 10
B06.假设在一定的时期内，您所使用产品的价格上升，其他品牌的同类休闲服装价格没有变化，您仍然会再次购买该产品	1 2 3 4 5 6 7 8 9 10

（3）下列是有关您对休闲服装期望情况的问题，请在下列对应的数字上打√，填写适当的答案（单选）。

顾客期望	非常不同意→非常同意
B07.您在购买之前，可能已经对产品的情况有一些初步了解，当时您对这个产品总体质量的期望很高	1 2 3 4 5 6 7 8 9 10
B08.您在购买之前，认为这个产品能满足您的个性化需求（如款式新颖性、面料舒适性和品种多样性等方面的需求）	1 2 3 4 5 6 7 8 9 10
B09.在您购买之前，预期这个产品出问题的概率会很小	1 2 3 4 5 6 7 8 9 10

（4）下列是有关您对产品实际使用情况的评价，请在下列对应的数字上打√，填写适当的答案（单选）。

感知质量	非常不同意→非常同意
B10.考虑产品的实际使用情况，您对其总体质量是满意的	1 2 3 4 5 6 7 8 9 10
B11.现在考虑您对休闲服装的个性化需求，如款式新颖性、面料舒适性和品种多样性。您认为这个产品实际上已经满足了您的个性化需求	1 2 3 4 5 6 7 8 9 10
B12.使用过程中，您的这个产品出问题的概率很小	1 2 3 4 5 6 7 8 9 10

（5）下列是有关您对休闲服装价值的评价，请在下列对应的数字上打√，填写适当的答案（单选）。

感知价值	非常不同意→非常同意
B13.考虑产品的实际使用情况，您对其总体价值是满意的	1 2 3 4 5 6 7 8 9 10
B14.相对于您这个产品的质量来说，您认为它的价格很合适	1 2 3 4 5 6 7 8 9 10
B15.相对于您这个产品的价格来说，您对它的质量比较满意	1 2 3 4 5 6 7 8 9 10

（6）下列是有关您对企业形象的评价，请在下列对应的数字上打√，填写适当的答案（单选）。

企业形象	非常不同意→非常同意
B16.销售人员的服务水平令您十分满意	1 2 3 4 5 6 7 8 9 10
B17.本品牌的宣传力度（如电视广告、街头广告等）非常充分	1 2 3 4 5 6 7 8 9 10
B18.品牌形象良好、积极健康	1 2 3 4 5 6 7 8 9 10

（7）调查的最后，请您填写以下个人基本资料，仅供学术研究使用，绝不对外公开，请安心填答，请在下列对应的数字上打√，填写适当的答案（单选）。

C01. 记录被调查者性别：

男性	1
女性	2

C02. 请问您今年的实际（身份证实足）年龄是多少周岁？

14 岁以下	1
14～17 岁	2
18～21 岁	3
22～25 岁	4
26～29 岁	5
30～35 岁	6
35 岁以上	7

C03.请问您目前的职业是什么？

学生	1
上班族（工作经历 3 年以内）	2
上班族（工作经历 3 年以上）	3
待业	4
其他	（请注明）

C04. 您每年在衣着上的支出大约是多少？

500 元以下	1
500～1000 元	2
1001～1500 元	3
1501～2000 元	4
2001～2500 元	5
2501～3000 元	6

3001～4000 元	7
4001～4500 元	8
4501～5000 元	9
5000 元以上	10

C05.您的婚姻状况是什么？

未婚	1
已婚目前无小孩	2
已婚有小孩	3
离异	4

C06. 您的家庭月收入是多少？（包括工资、奖金和补贴及各种福利收入等）

2000 元以下	1
2001～2500 元	2
2501～3000 元	3
3001～4000 元	4
4001～4500 元	5
4501～5000 元	6
5001～6000 元	7
6001～7000 元	8
7001～8000 元	9
8001～9000 元	10
9001～10000 元	11
10000 元以上	12

C07. 您认为美特斯邦威提高顾客满意度的途径有哪些？为什么？

____

****************************再次感谢您的合作******************************

三、鲍氏社会距离量表

鲍氏社会距离量表也称距离量表，由一组表示不同社会距离或交往程度的陈述组成。在鲍氏社会距离量表中，按从最近社会距离到最远社会距离顺序排列，如应被驱逐出境（7）、只能作为外国移民（6）、只能作为公民共处（5）、可以在同一行业共事（4）、可以作为邻居（3）、可以作为朋友（2）、可以结亲（1）。括号内分值越大表示社会距离越大，括号内分值越小表示社会距离越小。鲍氏社会距离量表的问题看似简单，实则蕴含着逻辑性较强的结构。在调查过程中，当被调查者拒绝了量表中某项关系，那么他也必将拒绝这一关系后面所有更强的关系。

鲍氏社会距离量表所测量得到的结果，既可以用来比较具有不同特征的人群对特定群体的社会距离大小，也可以用来比较具有相同特征的人群对不同群体的社会距离大小。鲍氏社会距离量表的结果被绘制成统计图后，可以直观地反映出人群之间的社会距离。鲍氏社会距离量表以往主要用于测量人们对某一群体的态度，现在也被用来测量人们对职业、宗教群体等事物的态度。

最为典型的例子是探讨美国人与阿尔巴尼亚人交往的意愿问题。

在调查中会询问美国人如下问题。

你愿意让阿尔巴尼亚人住在你的国家吗？

你愿意让阿尔巴尼亚人住在你的社区吗？

你愿意让阿尔巴尼亚人住在你家附近吗？

你愿意让阿尔巴尼亚人住在你的隔壁吗？

你愿意让你的孩子与阿尔巴尼亚人结婚吗？

这里的鲍氏社会距离量表测量了美国人与阿尔巴尼亚人交往的意愿，社会距离逐步发展，最后的交往意愿最强烈。通过逐步加强被调查者对阿尔巴尼亚人的亲近程度，设计不同交往程度的问题，这样建立起来的量表就称为鲍氏社会距离量表。

鲍氏社会距离量表的项目在强度上有明显的差别。如果被调查者愿意接受某种强度的项目，那么就应该愿意接受该项目之前的所有项目，因为之前项目的强度更弱。例如，一个能让阿尔巴尼亚人住在自己家隔壁的人，也愿意让他住在自己的国家、社区和附近，但却不一定愿意其子女同阿尔巴尼亚人结婚。这体现出鲍氏社会距离量表中各项目之间较强的逻辑结构。

鲍氏社会距离量表具有较好的经济性，每个被调查者能够接受的最难项目的分值就能代表其对量表中其他项目的回答。但鲍氏社会距离量表不适用于对逻辑结构不明显的变量的测量。

四、瑟斯顿量表

瑟斯顿量表又称为等现间隔量表，是一种单一维度测量态度的工具。瑟斯顿量表较为复杂，调查人员首先收集一系列有关研究态度的陈述或项目，然后邀请一些评判者将这些陈述或项目按从最不赞同到最赞同的顺序分为若干类，所标注陈述或项目的平均量表值表示在这一问题上的态度分数。

建立这种量表的基本步骤如下。

第一步，调查人员通过一定的方式广泛收集人们对某个问题的各种看法和意见，提出若干个可能的指标项目，指标项目通常有几十条之多。

第二步，将收集到的指标项目提供给一组评定人员，通常在 10～20 人，要求他们对每一个项目测量变量的强度进行赋值评判，对关系弱的项目赋值低分，对关系强的项目赋值高分，关系强度中等的项目赋予中间值，以此类推赋予每个项目一个分值。

第三步，根据评定人员给予每一个项目的分数，计算其平均数和标准差。其中，平均数反映评定人员对某个项目态度的集中程度，而标准差则反映项目态度的离散程度。然后选出得到共识最多的项目，其称为得到共识的项目。最后剔除没有得到共识的项目。

第四步，在得到共识的项目中，选择代表不同分值的项目。对真正的被调查者进行调查，并填写答案。

瑟斯顿量表具有较好的经济性和效率性，每一位被调查者会得到一个能够接受的最难项目的分值，这个分值也代表被调查者对问卷其他项目的回答。但瑟斯顿量表的设计和实施费时、费力，且评定人员的选择标准具有较高的代表性。如果评定人员的态度与实际被调查者态度存在较大差异，会使瑟斯顿量表失去信度。组成变量项目的含义会随时间的演进而有所改变，所以每隔一段时间就需要对瑟斯顿量表进行更新。同时瑟斯顿量表无法反映被调查者态度在程度上的区别，当被调查者表示“反对”时，并不知道他们反对程度的轻重。

五、利克特量表

利克特量表在科研研究和调查实践中应用广泛。利克特量表由一组陈述组成，每一陈述按照程度排序有多种回答选项并相应计分。每个被调查者的态度总分就是其对各题目的回答所得分数的加总，这一总分可说明被调查者的态度强弱。

与瑟斯顿量表不同，利克特量表不需要收集对每个项目的预先判断，只是把每个项目的评定相加而得出一个总分数。利克特分为 5 点量表和 7 点量表，如利克特 5 点量表包含很同意（5）、比较同意（4）、中性（3）、不太同意（2）和很不同意（1）五个维度，利克特 7 点量表包含非常同意（7）、中等同意（6）、轻微同意（5）、中性（4）、轻微不同意（3）、中等不同意（2）、非常不同意（1）七个维度。在实际调查研究中，利克特 5 点量表与利克特 7 点量表均应用十分广泛。但如有需要，利克特量表在实践中可以采用强迫被调查者选择的形式对原有量表进行改进。例如，通过把原 7 点量表改为 6 点量表，可以排除中性点，从而使被调查者一定做出偏向于赞同或否定的选择。

利克特量表容易设计，使用范围比其他量表要广，可以用来测量其他量表所不能测量的某些多维度的复杂概念或态度。利克特量表的多种答案形式使被调查者能够方便地标出自己的态度。通常情况下，利克特量表比同样长度的量表具有更好的信度。在利克特量表中，被调查者的态度不再是简单的同意或不同意两类，而是将态度分为若干类，如范围从非常同意到非常不同意，中间还包含中性选项。随着利克特量表类型的增多，人们对于该问题的态度就能被很好地区分开来。

在实际调研过程中，利克特量表的使用要注意项目设置应围绕问题的“典型”观点，所选项目应当分散，代表足够宽的范围。此外，利克特量表要尽量统一调查问题的方向，保证量表结果的一致性。

案例分析：利克特 5 点量表

根据期刊《南开管理评论》2020 年第 1 期甄杰、谢宗晓、李康宏、林润辉的《信息安全治理与企业绩效：一个被调节的中介作用模型》，我们借鉴该文章中的 5 点量表的主体问卷。

主体问卷

（1）请您对信息安全治理情况进行评价。请在下列对应的数字上打√，填写适当的答案（单选）。

信息安全治理	很不同意（1） 不太同意（2） 中性（3） 比较同意（4） 很同意（5）
B01.相关制度对各方权、责、利的规定是明确的	1 2 3 4 5
B02.有明确的事件处理程序和责任追究机制	1 2 3 4 5
B03.设置了明确的沟通与协商程序和渠道	1 2 3 4 5
B04.相关各方对各自职责做出了承诺	1 2 3 4 5
B05.信息安全部门与其他部门存在信任基础	1 2 3 4 5
B06.信息安全部门与其他部门之间相互协作	1 2 3 4 5
B07.不同的业务流程均有明确的信息安全标准	1 2 3 4 5
B08.业务流程各岗位有不同的信息安全职责	1 2 3 4 5
B09.流程安全要求随着相关法规的变化而调整	1 2 3 4 5

（2）请您对信息安全整合能力情况进行评价。请在下列对应的数字上打√，填写适当的答案（单选）。

信息安全整合能力	很不同意（1） 不太同意（2） 中性（3） 比较同意（4） 很同意（5）
B10.企业能够识别外部信息安全管理的要求	1 2 3 4 5
B11.企业可以合理配置信息安全的各项资源	1 2 3 4 5
B12.企业善于协调不同部门的信息安全活动	1 2 3 4 5
B13.企业进行信息安全风险防控措施的优化	1 2 3 4 5

（3）请您对高管支持情况进行评价。请在下列对应的数字上打√，填写适当的答案（单选）。

高管支持	很不同意（1） 不太同意（2） 中性（3） 比较同意（4） 很同意（5）
B14.高层管理者认为信息安全管理是重要的	1 2 3 4 5
B15.高层管理者关心信息安全相关问题推进	1 2 3 4 5
B16.高管具体行为传递了信息安全的重要性	1 2 3 4 5
B17.高管支持信息安全管理制度/策略的执行	1 2 3 4 5

（4）请您对企业绩效情况进行评价。请在下列对应的数字上打√，填写适当的答案（单选）。

企业绩效	很不同意（1） 不太同意（2） 中性（3） 比较同意（4） 很同意（5）
B18.提高了企业的信息技术/系统运维效率	1 2 3 4 5
B19.提高了企业产品/服务的按时交付率	1 2 3 4 5
B20.提高了企业在行业内的竞争优势	1 2 3 4 5
B21.提高了企业的信息安全（管理）水平	1 2 3 4 5

（5）请您填写所在企业的行业类型和规模，仅供学术研究使用，我们绝不对外公开，请安心填答，请在下列对应的数字上打√，填写适当的答案（单选）。

C01. 所在企业的行业类型：

金融相关企业	1
软件相关企业	2
制造相关（包含智能制造）企业	3

C02. 所在企业的规模：

从业人员高于300（含）人的企业	1
从业人员在100～300人	2
从业人员低于100（含）人	3

案例分析：利克特7点量表

根据期刊《南开管理评论》2017年第6期曹洪军和陈泽文的《内外环境对企业绿色创新战略的驱动效应——高管环保意识的调节作用》，我们借鉴该文章中利克特7点量表的主体问卷。

主体问卷：

（1）请您对绿色创新战略进行评价。请在下列对应的数字上打√，填写适当的答案（单选）。

绿色创新战略	非常不同意→非常同意
B01.企业调整了经营活动以减少对生态环境的破坏	1 2 3 4 5 6 7
B02.尽管政府没有要求，企业还是自愿采取环境修复行动	1 2 3 4 5 6 7
B03.企业调整了经营活动以减少资源浪费和污染物排放	1 2 3 4 5 6 7
B04.企业调整了经营活动以实现非再生原料、化学品和零部件的循环利用	1 2 3 4 5 6 7
B05.企业采用了某些污染更少的新能源代替传统燃料	1 2 3 4 5 6 7

B06.企业调整了经营活动以减少能源消耗	1234567
B07.企业调整了经营活动以减少其产品对环境的影响	1234567

（2）请您对强制型政策进行评价。请在下列对应的数字上打√，填写适当的答案（单选）。

强制型政策	非常不同意→非常同意
B08.相关法律、法规或规章规定了严格的污染物排放标准（如污染物排放浓度或总量）	1234567
B09.相关法律、法规或规章规定了严格的生产技术标准	1234567
B10.对于无法达到环境标准的企业，相关法律、法规或规章规定了严格的污染治理期限，责令限期整改，或采取关闭、停产等强制措施	1234567
B11.环保部门根据相关法律、法规或规章制订了详细的环境规划	1234567

（3）请您对激励型政策进行评价。请在下列对应的数字上打√，填写适当的答案（单选）。

激励型政策	非常不同意→非常同意
B12.当地政府制定了完善的绿色创新型企业税收优惠制度（减税或返还等）	1234567
B13.当地政府为绿色创新项目提供专项资金补助	1234567
B14.当地政府为绿色创新企业提供项目贷款贴息或贷款优惠	1234567
B15.当地政府采取排污收费制度	1234567

（4）请您对市场压力进行评价。请在下列对应的数字上打√，填写适当的答案（单选）。

市场压力	非常不同意→非常同意
B16.本企业的大多数顾客对绿色产品的需求程度高	1234567
B17.本企业的大多数顾客对企业绿色创新行为非常关注	1234567
B18.本企业的大多数供应商提出的绿色要求较高	1234567
B19.本企业的大多数供应商将绿色创新作为评价企业声誉的重要指标	1234567
B20.本企业的大多数竞争企业对绿色创新战略关注程度高	1234567
B21.本企业的大多数竞争企业在经营中非常注重绿色创新	1234567

（5）请您对创新资源进行评价。请在下列对应的数字上打√，填写适当的答案（单选）。

创新资源	非常不同意→非常同意
B22.与同行业其他企业相比，企业拥有的资金处于较高水平	1234567
B23.与同行业其他企业相比，企业拥有的技术处于较高水平	1234567

B24.与同行业其他企业相比，企业拥有的固定资产、技术设备处于较高水平	1234567
B25.与同行业其他企业相比，企业拥有的人力资源具有较高的科研素质，通常能高质量完成创新项目	1234567

（6）请您对创新能力进行评价。请在下列对应的数字上打√，填写适当的答案（单选）。

创新能力	非常不同意→非常同意
B26.企业的科研经费投入在同行业中处于领先水平	1234567
B27.企业的专利申请数量在同行业中处于领先水平	1234567

（7）请您对高管环保意识进行评价。请在下列对应的数字上打√，填写适当的答案（单选）。

高管环保意识	非常不同意→非常同意
B28.本企业高管重视相关环保法规对公司的影响	1234567
B29.本企业高管重视企业生产经营活动对环境的不利影响	1234567
B30.本企业高管重视对环保措施的了解和掌握	1234567

（8）请您填写所在企业的相关信息，仅供学术研究使用，绝不对外公开，请安心填答，请在下列对应的数字上打√，填写适当的答案（单选）。

C01. 所在企业的年龄：

3 年以下	1
3～5 年	2
6～10 年	3
10 年以上	4

C02. 企业所属行业：

不属于高污染行业	1
属于高污染行业	2

C03. 所在企业的性质：

国有企业	1
民营企业	2
其他	3

第六章

调查问卷的评估

学习要求：

1. 学习调查问卷的信度分析
2. 学习调查问卷的效度分析
3. 掌握调查问卷信度分析和效度分析的分析过程

调查问卷设计完成后，要对初步设计的问卷进行检验以判定其可靠程度。一份好的调查问卷既要能准确反映研究现象的属性，又要能在一定条件下以最小的计量误差得到所需的所有信息。调查问卷测试的常用方法主要为信度分析和效度分析。

第一节　信度分析

信度是指调查问卷结果的一致性、稳定性和可靠性。对于调查问卷的评估，信度分析的方法主要有重复信度法、复本信度法、折半信度法和内部一致性法等。

第一，重复信度法。重复信度法是使用同一测量手段对同一群被调查者进行两次测量，再根据两次测量结果的相关系数来测度调查问卷的信度。例如，对一群人进行问卷调查后，隔一段时间再用同一份问卷对同一群被调查者进行调查，两次测量结果之间的相关系数反映了调查问卷的信度。重复信度法的优点是可以提供有关测量结果是否随时间而变异的资料，缺点是受时间和经费的限制，现实中重复信度法往往难以实现。

第二，复本信度法。复本信度法是指在调查问卷中，设计两套在难度、长度、排布、内容上尽可能相似类同的问卷，使用这两套问卷调查同一群被调查者，比较对应问题的答案，求出相关系数，即得到调查问卷的复本信度。复本信度法的优点在于它不受时间因素等的干扰，但要设计好两套相似类同的问卷，难度较大。

第三，折半信度法。将调查问卷中的题项随机分为数目大致相等的两部分，然后考察这两部分测量结果的相关系数，这种信度分析的方法称为折半信度法。如果测量结果高度相关，那么调查问卷就是可信的，反之就是不可信的。将调查问卷分为两部分的方法有很多，较为常用的有前半部分题和后半部分题分开、奇数题和偶数题分开。

第四，内部一致性法。内部一致性又称柯能毕曲 α 系数，是通过测量调查问卷中题项的同质性来测量信度。题项之间的相关性与题项和潜在变量之间的相关性之间存在某种逻辑关系，如果调查问卷的题项与潜在变量之间存在强相关，题项之间应该也有很强的相关性。调查问卷的内部一致性程度会影响题项的相关程度。柯能毕曲 α 系数是调查问卷中由共同的因素所引起的总体方差的比例，其计算公式如下：

$$\alpha=\frac{k}{k-1}\left(1-\frac{\sum\alpha_i^2}{\alpha_y^2}\right)$$

其中，α_i^2 表示各题项的方差，每个方差所包含的信息均以单一题项为基础且非共有；α_y^2 表示调查问卷的总体方差，其等于所有题项的方差与协方差之和；$\left(1-\frac{\sum\alpha_i^2}{\alpha_y^2}\right)$ 表示由潜在变量引起的共有方差比例；$\frac{k}{k-1}$ 把柯能毕曲 α 系数的取值限定在 0～1，k 为调查题目的总个数。

柯能毕曲 α 系数的另一个计算公式是以相关系数为基础的，其实际上使用的是平均题项间的相关。柯能毕曲 α 系数计算公式如下：

$$\alpha=\frac{k\overline{r}}{1+(k-1)\overline{r}}$$

一般来说，计算得到的柯能毕曲 α 系数越高，表示调查问卷的结果越一致、稳定与可靠。

一、柯能毕曲 α 系数分析

（一）全部问题的柯能毕曲 α 系数分析

这里使用第五章中“美特斯邦威顾客满意度调查问卷”收集的数据。

首先在 SPSS 中录入数据，如图 6-1 所示。

满意度1	满意度2	满意度3	忠诚1	忠诚2	忠诚3	期望1	期望2	期望3	质量1	质量2	质量3	价值1	价值2	价值3
8.00	7.00	7.00	8.00	8.00	7.00	8.00	8.00	9.00	8.00	8.00	9.00	8.00	8.00	8.00
9.00	9.00	9.00	8.00	8.00	8.00	9.00	9.00	10.00	8.00	10.00	10.00	8.00	9.00	8.00
7.00	7.00	7.00	7.00	6.00	6.00	8.00	7.00	8.00	9.00	9.00	9.00	9.00	8.00	9.00
8.00	8.00	7.00	7.00	7.00	7.00	7.00	8.00	7.00	9.00	9.00	9.00	8.00	8.00	8.00
8.00	8.00	8.00	7.00	7.00	6.00	7.00	7.00	8.00	8.00	8.00	8.00	8.00	8.00	9.00
8.00	8.00	7.00	7.00	6.00	5.00	8.00	8.00	8.00	8.00	8.00	7.00	8.00	7.00	8.00
8.00	9.00	7.00	9.00	6.00	6.00	7.00	8.00	8.00	8.00	7.00	8.00	9.00	8.00	8.00
7.00	8.00	8.00	8.00	8.00	6.00	7.00	7.00	8.00	9.00	8.00	8.00	8.00	8.00	8.00
8.00	7.00	8.00	8.00	7.00	7.00	8.00	8.00	8.00	8.00	8.00	9.00	8.00	7.00	7.00
7.00	8.00	7.00	7.00	6.00	6.00	8.00	8.00	7.00	9.00	9.00	7.00	8.00	8.00	8.00
9.00	8.00	8.00	8.00	8.00	7.00	8.00	7.00	9.00	8.00	8.00	10.00	8.00	7.00	8.00
7.00	8.00	7.00	9.00	6.00	6.00	7.00	7.00	7.00	9.00	8.00	9.00	8.00	6.00	7.00
6.00	7.00	7.00	7.00	6.00	6.00	6.00	7.00	7.00	9.00	8.00	8.00	8.00	7.00	8.00
9.00	8.00	7.00	8.00	8.00	7.00	8.00	9.00	9.00	9.00	9.00	9.00	8.00	8.00	8.00
7.00	7.00	7.00	9.00	6.00	6.00	6.00	7.00	7.00	8.00	9.00	7.00	9.00	8.00	8.00
7.00	6.00	6.00	7.00	6.00	5.00	7.00	8.00	7.00	8.00	8.00	8.00	7.00	7.00	7.00
9.00	9.00	9.00	9.00	8.00	8.00	8.00	9.00	9.00	9.00	9.00	10.00	9.00	9.00	9.00
7.00	8.00	6.00	8.00	7.00	6.00	6.00	8.00	8.00	8.00	8.00	7.00	8.00	7.00	7.00
7.00	8.00	6.00	8.00	6.00	6.00	7.00	8.00	8.00	8.00	7.00	8.00	7.00	7.00	7.00
9.00	9.00	8.00	8.00	8.00	8.00	7.00	9.00	8.00	8.00	7.00	9.00	9.00	7.00	8.00
7.00	7.00	7.00	8.00	7.00	8.00	6.00	6.00	7.00	8.00	7.00	7.00	8.00	8.00	8.00
8.00	8.00	8.00	7.00	8.00	8.00	7.00	8.00	8.00	8.00	8.00	9.00	6.00	6.00	7.00
8.00	9.00	8.00	8.00	7.00	6.00	7.00	8.00	8.00	8.00	9.00	9.00	7.00	7.00	8.00

图 6-1　数据录入和展示

第一步：在主菜单栏中选择“分析”选项，然后选择“度量”选项，最后选择“可靠性分析”选项，如图 6-2 所示。

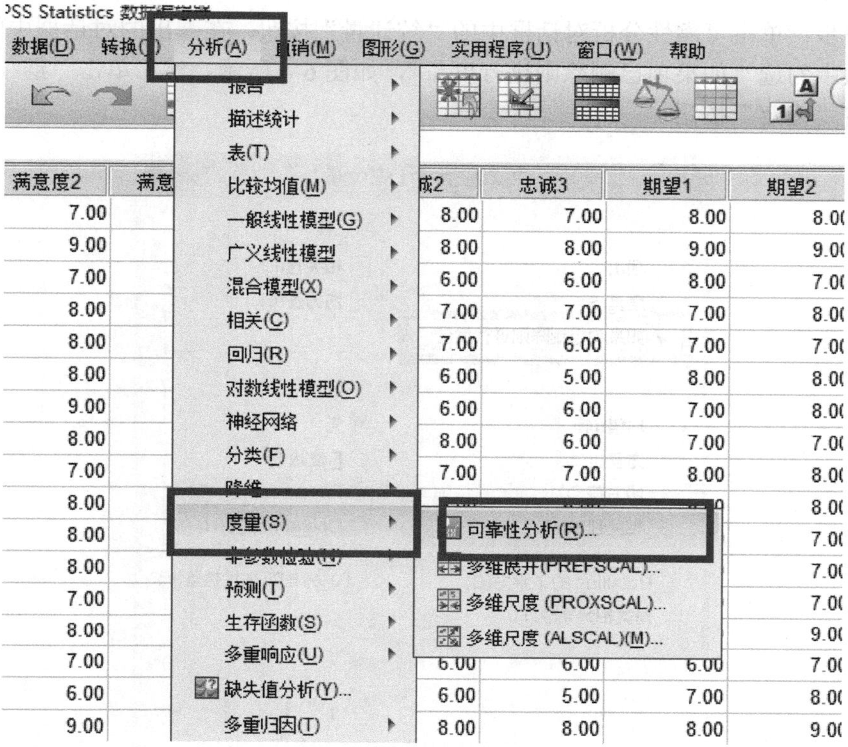

图 6-2　柯能毕曲 α 系数分析的菜单操作

第二步：在可靠性分析对话框中选择“模型”选项中的“α”，并将所有的分析指标全部导入“项目”中，如图 6-3 所示。

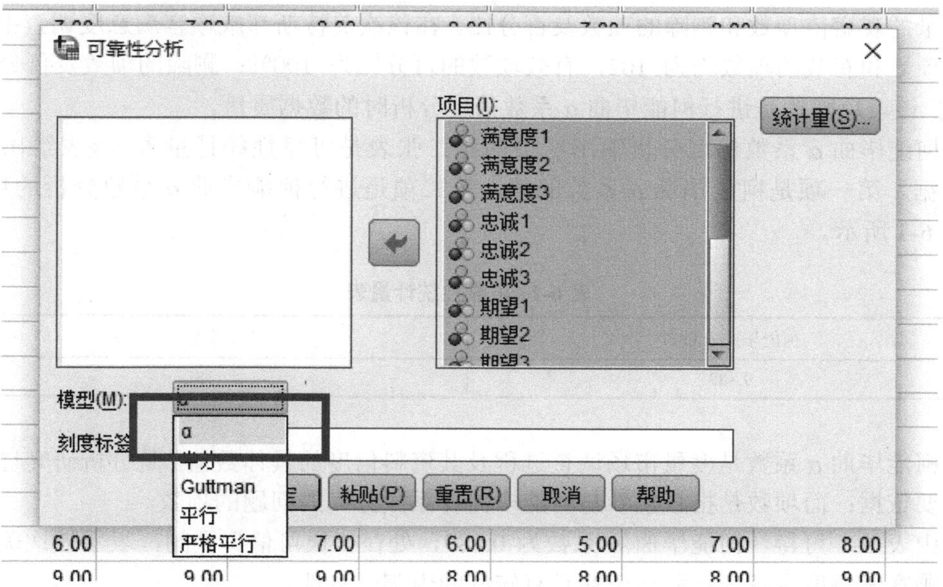

图 6-3　柯能毕曲 α 系数分析的项目和模型设置（一）

第三步：单击可靠性分析对话框中的“统计量”按钮，在弹出的对话框中的“描述性”选项中勾选“如果项已删除则进行度量”，如图 6-4 所示。然后单击“继续”按钮，最后点击“确定”按钮。

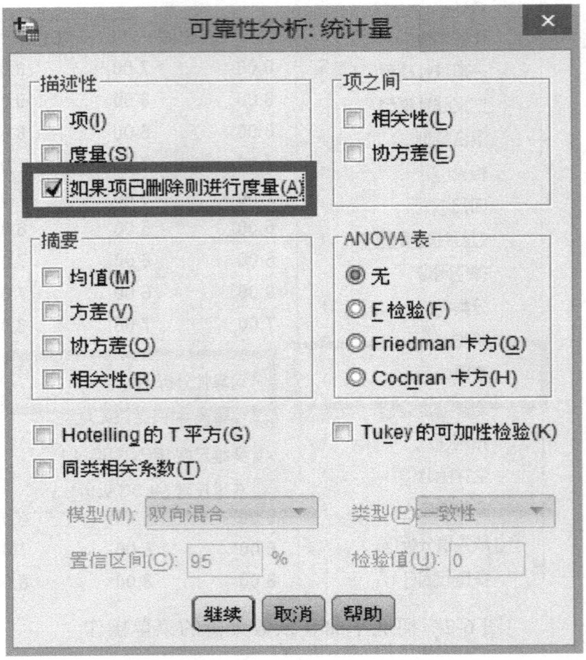

图 6-4 柯能毕曲 α 系数分析的统计量设置（一）

柯能毕曲 α 系数信度分析输出结果的第一张表是案例处理汇总表，该表给出了所输入变量的观察值项数和删除的项数及百分比。在该次美特斯邦威顾客满意度调查中，观察值项数和有效的项数均为 102，有效项数的百分比为 100%；删除的项数及百分比均为 0。该表反映的是进行柯能毕曲 α 系数信度分析时的数据质量。

柯能毕曲 α 系数信度分析输出结果的第二张表是可靠性统计量表，该表给出了两项数据。第一项是柯能毕曲 α 系数的值，第二项是进行柯能毕曲 α 系数分析的项数，如表 6-1 所示。

表 6-1 可靠性统计量表

柯能毕曲 α 系数	项数
0.889	18

柯能毕曲 α 系数是度量市场调查过程及其资料信度的具体数值，是分析研究过程中的重要依据；而项数是指直接参与柯能毕曲 α 系数分析的问题的项数。

由表 6-1 可得，柯能毕曲 α 系数为 0.889，处在“很可信”区间，表示该次美特斯邦威顾客满意度调查的过程和资料具有较好的内部一致性。

柯能毕曲 α 系数信度分析输出结果的第三张表是项总计统计量表，该表给出了项已删除的刻度均值、项已删除的刻度方差、校正的项总计相关性和项已删除的柯能毕曲 α 系数四项内容，如表 6-2 所示。为了后续便于解释说明，将问题一一对应编号。

表 6-2　项总计统计量表

问题	项已删除的刻度均值	项已删除的刻度方差	校正的项总计相关性	项已删除的柯能毕曲 α 系数
B01	130.6569	56.129	0.828	0.872
B02	130.6471	60.706	0.471	0.886
B03	131.0588	59.719	0.626	0.880
B04	130.8235	61.236	0.506	0.884
B05	131.4412	57.853	0.647	0.879
B06	131.5784	58.424	0.609	0.881
B07	130.9412	61.977	0.438	0.886
B08	130.5784	60.068	0.551	0.883
B09	130.2843	60.423	0.624	0.881
B10	130.2549	64.449	0.258	0.891
B11	130.1765	63.573	0.349	0.889
B12	130.0686	59.292	0.619	0.880
B13	130.5294	63.915	0.265	0.892
B14	131.0980	60.386	0.521	0.884
B15	130.8333	61.942	0.413	0.887
B16	130.9020	61.178	0.478	0.885
B17	130.5980	59.867	0.552	0.883
B18	130.0294	59.752	0.593	0.881

从表 6-1 可以得到，柯能毕曲 α 系数为 0.889。由表 6-2 可知，只有问题 B10 和问题 B13 的项已删除的柯能毕曲 α 系数 0.891 和 0.892 略大于 0.889，同时问题 B10 和问题 B13 的校正的项总计相关性分别为 0.258 和 0.265，它们也是 18 项问题中校正的项总计相关性最小的两项。由此可以认为删除问题 B10 或者问题 B13 均有利于提高美特斯邦威顾客满意度调查的内部信度，并将柯能毕曲 α 系数由 0.889 提高到 0.891 或者 0.892。但我们可以注意到删除问题 B10 或者问题 B13 对于柯能毕曲 α 系数的改善幅度并不大，仅为 0.002 或者 0.003。

这里是将“美特斯邦威顾客满意度调查”的所有问题归并在一起所进行的柯能毕曲 α 系数信度分析。问题 B10 和问题 B13 的校正的项总计相关性过低，以及这两个问题的项已删除的柯能毕曲 α 系数略大于 0.889，有可能是由六项一级指标之间的差异过大引起的，因此应该在分析问题 B10 和问题 B13 所在的一级指标的柯能毕曲 α 系数之后再决定是否删除该问题，以避免由不当删除导致的调查信息的损失。

（二）一级指标的柯能毕曲 α 系数分析

1. “顾客满意度”的柯能毕曲 α 系数分析

进行第一项一级指标“顾客满意度”的柯能毕曲 α 系数分析，具体操作步骤如下。

第一步：在主菜单栏中选择“分析”选项，然后选择“度量”选项，最后选择“可靠性分析”选项，如图 6-5 所示。

图 6-5　柯能毕曲 α 系数分析一级指标的菜单操作

第二步：在可靠性分析对话框中选择“模型”选项中的“α”，并将“顾客满意度”指标下的二级指标全部导入“项目”中，如图 6-6 所示。

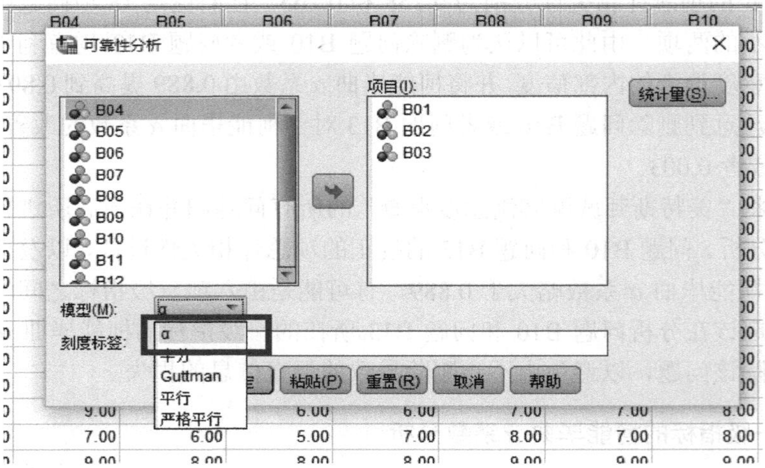

图 6-6　柯能毕曲 α 系数分析的项目和模型设置（二）

第三步：单击可靠性分析对话框中的“统计量”按钮，在弹出的对话框中的“描述性”选项中选择“如果项已删除则进行度量”，然后单击“继续”按钮，如图 6-7 所示。最后点击“确定”按钮。

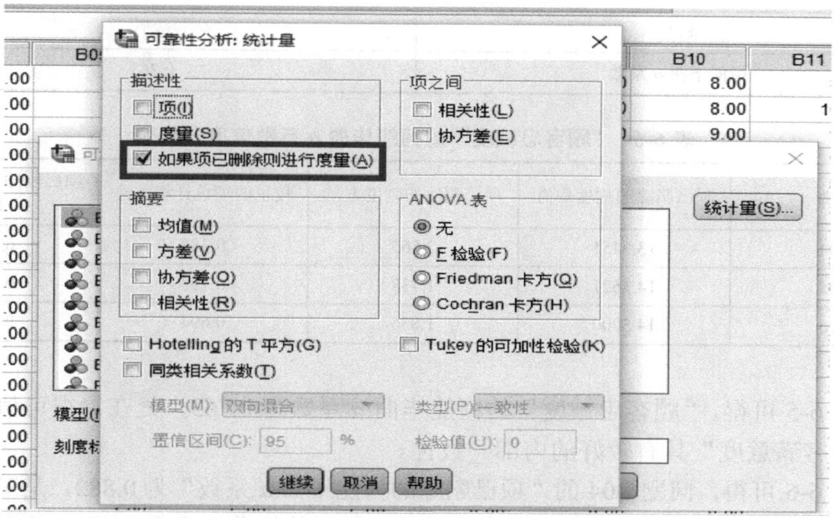

图 6-7　柯能毕曲 α 系数分析的统计量设置（二）

由此可以得到“顾客满意度”的柯能毕曲 α 系数和“顾客满意度”的柯能毕曲 α 系数信度分析表，如表 6-3 和表 6-4 所示。

表 6-3　“顾客满意度”的柯能毕曲 α 系数

测度	数值
柯能毕曲 α 系数	0.783

表 6-4　“顾客满意度”的柯能毕曲 α 系数信度分析表

问题	项已删除的刻度均值	项已删除的刻度方差	校正的项总计相关性	项已删除的柯能毕曲 α 系数
B01	15.0588	1.937	0.619	0.710
B02	15.0490	2.126	0.550	0.783
B03	15.4608	2.073	0.707	0.623

由表 6-3 可得，“顾客满意度”的柯能毕曲 α 系数为 0.783，处在“很可信”区间，表示“顾客满意度”具有较好的内部一致性。

由表 6-4 可得，一级指标“顾客满意度”下三个二级指标的“项已删除的柯能毕曲 α 系数”均不大于柯能毕曲 α 系数 0.783，表明由这三个二级指标构成的一级指标“顾客满意度”合理，删除任何一个指标都不能提高信度水平。

2. “顾客忠诚度”的柯能毕曲 α 系数分析

进行第二项一级指标“顾客忠诚度”的柯能毕曲 α 系数分析。SPSS 操作如图 6-6

所示。只需将可靠性分析对话框“项目”中的三个二级指标更改为“顾客忠诚度”的三个二级指标即可，由此可以得到表 6-5 和表 6-6。

表 6-5 “顾客忠诚度”的柯能毕曲 α 系数

测度	数值
柯能毕曲 α 系数	0.763

表 6-6 “顾客忠诚度”的柯能毕曲 α 系数信度分析表

问题	项已删除的刻度均值	项已删除的刻度方差	校正的项总计相关性	项已删除的柯能毕曲 α 系数
B04	13.7451	2.865	0.383	0.882
B05	14.3627	1.738	0.753	0.482
B06	14.5000	1.856	0.694	0.562

由表 6-5 可得，“顾客忠诚度”的柯能毕曲 α 系数为 0.763，处在“很可信”区间，表示“顾客满意度”具有较好的内部一致性。

由表 6-6 可得，问题 B04 的“项已删除的柯能毕曲 α 系数”为 0.882，是三项问题中最大的，同时它大于其一级指标“顾客忠诚度”的柯能毕曲 α 系数 0.763，这时删除问题 B04 有助于提高该一级指标“顾客忠诚度”的柯能毕曲 α 系数，因此可以考虑将问题 B04 删除。

3. “顾客期望”的柯能毕曲 α 系数分析

进行第三项一级指标“顾客期望”的柯能毕曲 α 系数分析。SPSS 操作如图 6-6 所示。只需将可靠性分析对话框“项目”中的三个二级指标更改为“顾客期望”的三个二级指标即可，由此可以得到表 6-7 和表 6-8。

表 6-7 “顾客期望”的柯能毕曲 α 系数

测度	数值
柯能毕曲 α 系数	0.670

表 6-8 “顾客期望”的柯能毕曲 α 系数信度分析表

问题	项已删除的刻度均值	项已删除的刻度方差	校正的项总计相关性	项已删除的柯能毕曲 α 系数
B07	15.9020	1.614	0.434	0.637
B08	15.5392	1.399	0.481	0.583
B09	15.2451	1.553	0.542	0.505

由表 6-7 可得，“顾客期望”的柯能毕曲 α 系数为 0.670，处在“很可信”区间，表示“顾客期望”具有较好的内部一致性。

由表 6-8 可得，一级指标“顾客期望”下的三个二级指标的“项已删除的柯能毕曲 α 系数”均小于柯能毕曲 α 系数 0.670，表明由这三个二级指标构成的一级指标“顾客期望”合理，删除任何一个都不能提高信度水平。

4. “感知质量”的柯能毕曲 α 系数分析

进行第四项一级指标“感知质量”的柯能毕曲 α 系数分析。SPSS 操作如图 6-6 所示。只需将可靠性分析对话框“项目”中的三个二级指标更改为“感知质量”的三个二级指标即可，由此可以得到表 6-9 和表 6-10。

表 6-9 “感知质量”的柯能毕曲 α 系数

测度	数值
柯能毕曲 α 系数	0.615

表 6-10 “感知质量”的柯能毕曲 α 系数信度分析表

问题	项已删除的刻度均值	项已删除的刻度方差	校正的项总计相关性	项已删除的柯能毕曲 α 系数
B10	16.5196	1.381	0.438	0.499
B11	16.4412	1.358	0.465	0.464
B12	16.3333	1.155	0.386	0.594

由表 6-9 可得，“感知质量”的柯能毕曲 α 系数为 0.615，处在“很可信”区间，表示“感知质量”具有较好的内部一致性。

由表 6-10 可得，一级指标“感知质量”下的三个二级指标的“项已删除的柯能毕曲 α 系数”均小于柯能毕曲 α 系数 0.615，表明由这三个二级指标构成的一级指标“感知质量”合理，删除任何一个都不能提高信度水平。

5. “感知价值”的柯能毕曲 α 系数分析

进行第五项一级指标“感知价值”的柯能毕曲 α 系数分析。SPSS 操作如图 6-6 所示。只需将可靠性分析对话框“项目”中的三个二级指标更改为“感知价值”的三个二级指标即可，由此可以得到表 6-11 和表 6-12。

表 6-11 “感知价值”的柯能毕曲 α 系数

测度	数值
柯能毕曲 α 系数	0.738

表 6-12 “感知价值”的柯能毕曲 α 系数信度分析表

问题	项已删除的刻度均值	项已删除的刻度方差	校正的项总计相关性	项已删除的柯能毕曲 α 系数
B13	14.8333	2.120	0.381	0.842
B14	15.4020	1.550	0.629	0.568
B15	15.1373	1.526	0.704	0.474

由表 6-11 可得，“感知价值”的柯能毕曲 α 系数为 0.738，处在“很可信”区间，表示“感知价值”仍然具有较好的内部一致性。

由表 6-12 可得，问题 B13 的“项已删除的柯能毕曲 α 系数”为 0.842，是三项问题中最大的，同时它大于其一级指标“感知价值”的柯能毕曲 α 系数 0.738，这时删除问题 B13 有助于提高该一级指标“感知价值”的柯能毕曲 α 系数，因此可以考虑将问题 B13 删除。

6. “企业形象”的柯能毕曲 α 系数分析

进行第六项一级指标“企业形象”的柯能毕曲 α 系数分析。SPSS 操作步骤如图 6-6 所示。只需将可靠性分析对话框“项目”中的三个二级指标更改为“企业形象”的三个二级指标即可，由此可以得到表 6-13 和表 6-14。

表 6-13 “企业形象”的柯能毕曲 α 系数

测度	数值
柯能毕曲 α 系数	0.730

表 6-14 “企业形象”的柯能毕曲 α 系数信度分析表

问题	项已删除的刻度均值	项已删除的刻度方差	校正的项总计相关性	项已删除的柯能毕曲 α 系数
B16	16.1373	2.040	0.454	0.752
B17	15.8333	1.744	0.563	0.629
B18	15.2647	1.702	0.648	0.525

由表 6-13 可得，“企业形象”的柯能毕曲 α 系数为 0.730，处在“很可信”区间，表示“企业形象”仍然具有较好的内部一致性。

由表 6-14 可得，问题 B16 的“项已删除的柯能毕曲 α 系数”为 0.752，是三项问题中最大的，同时它大于其一级指标“企业形象”的柯能毕曲 α 系数 0.730，这时删除问题 B16 有助于提高该一级指标“企业形象”的柯能毕曲 α 系数，因此可以考虑将问题 B16 删除。

为了对“美特斯邦威顾客满意度调查”的柯能毕曲 α 系数信度分析有一个全面的把握，现将“美特斯邦威顾客满意度调查”18 项问题归并在一起计算的柯能毕曲 α 系数以及根据 6 项一级指标分别计算得到的柯能毕曲 α 系数归并在一起进行对比分析，如表 6-15 所示。

表 6-15 “美特斯邦威顾客满意度调查”的柯能毕曲 α 系数对比分析表

对象	柯能毕曲 α 系数
全部 18 项问题	0.889
“顾客满意度”的 3 项问题	0.783
“顾客忠诚度”的 3 项问题	0.763
“顾客期望”的 3 项问题	0.670
“感知质量”的 3 项问题	0.615
“感知价值”的 3 项问题	0.738
“企业形象”的 3 项问题	0.730

由表 6-15 可得，不管是采用全部 18 项问题，还是采用 6 项一级指标分别计算的柯能毕曲 α 系数，“美特斯邦威顾客满意度调查”的市场调查过程及其资料均具有一定的信度。从 6 项一级指标的柯能毕曲 α 系数来看，其中第一项一级指标“顾客满意度”的信度最高，其次为第二项一级指标“顾客忠诚度”的信度，而柯能毕曲 α 系数最小的一级指标为第四项“感知质量”。

二、折半信度分析

（一）全部问题的折半信度分析

在 SPSS 中录入数据，数据使用第五章中“美特斯邦威顾客满意度调查问卷”的收集数据。

操作步骤如下。

第一步：在主菜单栏中选择“分析”选项，然后选择“度量”选项，最后选择“可靠性分析”选项，如图 6-8 所示。

图 6-8 折半信度分析的菜单操作

第二步：在可靠性分析对话框中选择“模型”选项中的“半分”，并将所有的分析指标全部导入“项目”中，最后点击“确定”即可，如图 6-9 所示。

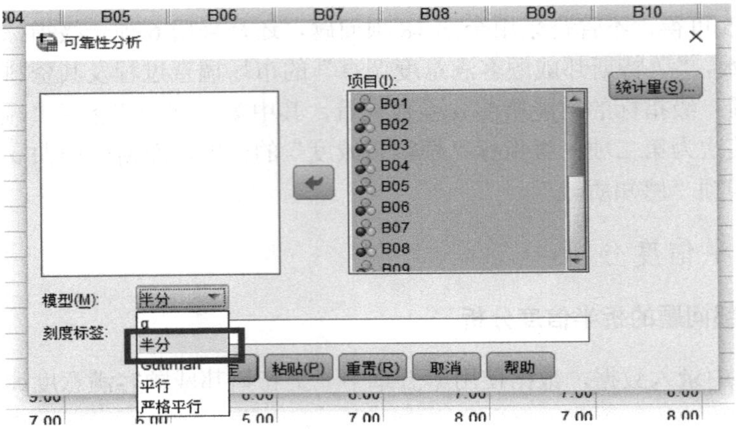

图 6-9 折半信度分析的项目和模型设置

接下来，分别对“美特斯邦威顾客满意度调查”全部问题，以及 6 项一级指标全部问题进行折半信度分析。

对“美特斯邦威顾客满意度调查”的全部 18 项问题进行折半信度分析。SPSS 折半信度分析结果如表 6-16 所示。

表 6-16 前后分半的折半信度分析表

项目			数值
柯能毕曲 α 系数	部分 1	系数	0.860
		项数	9
	部分 2	系数	0.750
		项数	9
	总项数		18
表格之间的相关性			0.726
Spearman-Brown 可靠性系数	等长		0.842
	不等长		0.842
Guttman 半分可靠性系数			0.828

由表 6-16 可得，两个部分的柯能毕曲 α 系数分别为 0.860 和 0.750，表格之间的相关性为 0.726，等长的 Spearman-Brown 可靠性系数为 0.842，Guttman 半分可靠性系数为 0.828，均在较好区间，表明根据折半信度分析，从总体上看“美特斯邦威顾客满意度”市场调查过程及其资料具有较好的折半信度。

（二）一级指标的折半信度分析

1. “顾客满意度”的折半信度分析

进行第一项一级指标“顾客满意度”三项问题的折半信度分析。具体操作步骤如下。

第一步：在主菜单栏中选择“分析”选项，然后选择“度量”选项，最后选择“可靠性分析”选项，如图 6-10 所示。

图 6-10　折半信度分析一级指标的菜单操作

第二步：在可靠性分析对话框中选择“模型”选项中的“半分”，并将“顾客满意度”指标下的二级指标全部导入“项目”中，最后点击确定即可，如图 6-11 所示。

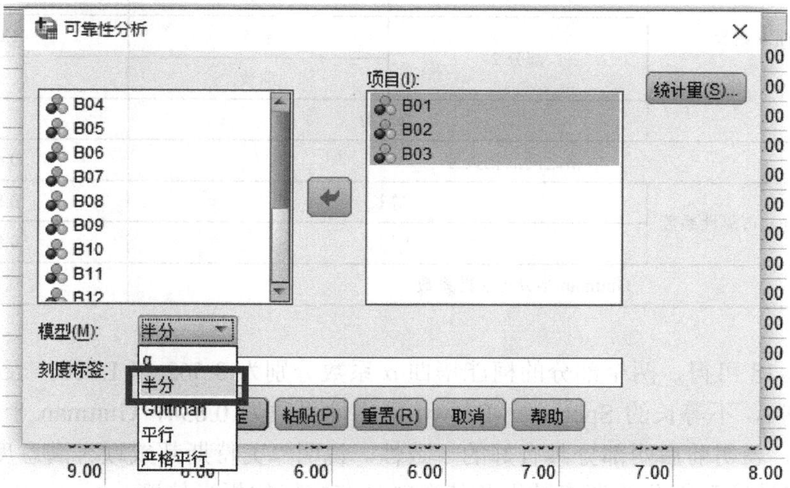

图 6-11　折半信度分析二级指标的菜单操作

折半信度分析结果如表 6-17 所示。由表 6-17 可得，两个部分的柯能毕曲 α 系数分别为 0.623 和 1.000，表格之间的相关性为 0.707，不等长的 Spearman-Brown 可靠性系数为 0.842，Guttman 半分可靠性系数为 0.733，表明前后两部分具有好的一致性。说明“美特斯邦威顾客满意度调查问卷”的“顾客满意度”部分的市场调查过程及资料具有较好的折半信度。

表 6-17 “顾客满意度”前后分半的折半信度分析表

<table>
<tr><th colspan="3">项目</th><th>数值</th></tr>
<tr><td rowspan="5">柯能毕曲 α 系数</td><td rowspan="2">部分 1</td><td>系数</td><td>0.623</td></tr>
<tr><td>项数</td><td>2</td></tr>
<tr><td rowspan="2">部分 2</td><td>系数</td><td>1.000</td></tr>
<tr><td>项数</td><td>1</td></tr>
<tr><td colspan="2">总项数</td><td>3</td></tr>
<tr><td colspan="3">表格之间的相关性</td><td>0.707</td></tr>
<tr><td rowspan="2">Spearman-Brown 可靠性系数</td><td colspan="2">等长</td><td>0.829</td></tr>
<tr><td colspan="2">不等长</td><td>0.842</td></tr>
<tr><td colspan="3">Guttman 半分可靠性系数</td><td>0.733</td></tr>
</table>

2. “顾客忠诚度”的折半信度分析

进行第二项一级指标“顾客忠诚度”的三项问题折半信度分析，具体操作步骤如图 6-10 和图 6-11 所示，只需将可靠性分析对话框“项目”中的三个二级指标更改为“顾客忠诚度”的三个二级指标即可，由此可以得到表 6-18。

表 6-18 “顾客忠诚度”前后分半的折半信度分析表

<table>
<tr><th colspan="3">项目</th><th>数值</th></tr>
<tr><td rowspan="5">柯能毕曲 α 系数</td><td rowspan="2">部分 1</td><td>系数</td><td>0.562</td></tr>
<tr><td>项数</td><td>2</td></tr>
<tr><td rowspan="2">部分 2</td><td>系数</td><td>1.000</td></tr>
<tr><td>项数</td><td>1</td></tr>
<tr><td colspan="2">总项数</td><td>3</td></tr>
<tr><td colspan="3">表格之间的相关性</td><td>0.694</td></tr>
<tr><td rowspan="2">Spearman-Brown 可靠性系数</td><td colspan="2">等长</td><td>0.819</td></tr>
<tr><td colspan="2">不等长</td><td>0.834</td></tr>
<tr><td colspan="3">Guttman 半分可靠性系数</td><td>0.777</td></tr>
</table>

由表 6-18 可得，两个部分的柯能毕曲 α 系数分别为 0.562 和 1.000，表格之间的相关性为 0.694，不等长的 Spearman-Brown 可靠性系数为 0.834，Guttman 半分可靠性系数为 0.777，表明前后两部分具有好的一致性。说明“美特斯邦威顾客满意度调查问卷”的“顾客忠诚度”部分的调查过程及其资料具有较好的折半信度。

3.“顾客期望”的折半信度分析

进行第三项一级指标“顾客期望”的三项问题折半信度分析。具体操作如图 6-10 和图 6-11 所示，只需将可靠性分析对话框“项目”中的三个二级指标更改为“顾客期望”的三个二级指标即可，由此可以得到表 6-19。

表 6-19 “顾客期望”前后分半的折半信度分析表

项目			数值
柯能毕曲 α 系数	部分 1	系数	0.505
		项数	2
	部分 2	系数	1.000
		项数	1
	总项数		3
表格之间的相关性			0.542
Spearman-Brown 可靠性系数	等长		0.703
	不等长		0.722
Guttman 半分可靠性系数			0.627

由表 6-19 可得，两个部分的柯能毕曲 α 系数分别为 0.505 和 1.000，表格之间的相关性为 0.542，不等长的 Spearman-Brown 可靠性系数为 0.722，Guttman 半分可靠性系数为 0.627，表明前后两部分具有较好的一致性。说明“美特斯邦威顾客满意度调查问卷”的“顾客期望”部分的调查过程及资料具有较好的折半信度。

4.“感知质量”的折半信度分析

进行第四项一级指标“感知质量”的三项问题折半信度分析。具体操作步骤如图 6-10 和图 6-11 所示，只需将可靠性分析对话框“项目”中的三个二级指标更改为“感知质量”的三个二级指标即可，由此可以得到表 6-20。

表 6-20 “感知质量”前后分半的折半信度分析表

项目			数值
柯能毕曲 α 系数	部分 1	系数	0.594
		项数	2
	部分 2	系数	1.000
		项数	1
	总项数		3
表格之间的相关性			0.386
Spearman-Brown 可靠性系数	等长		0.557
	不等长		0.577
Guttman 半分可靠性系数			0.539

由表 6-20 可得，两个部分的柯能毕曲 α 系数分别为 0.594 和 1.000，表格之间的相关性为 0.386，不等长的 Spearman-Brown 可靠性系数为 0.577，Guttman 半分可靠性系数为 0.539，表明前后两部分的一致性水平一般。说明“美特斯邦威顾客满意度调查问卷”的“感知质量”部分的调查过程及其资料具有一般的折半信度。

5.“感知价值”的折半信度分析

进行第五项一级指标“感知价值”的三项问题折半信度分析。具体操作如图 6-10 和图 6-11 所示，只需将可靠性分析对话框“项目”中的三个二级指标更改为“感知价值”的三个二级指标即可，由此可以得到表 6-21。

表 6-21 “感知价值”前后分半的折半信度分析表

项目			数值
柯能毕曲 α 系数	部分 1	系数	0.474
		项数	2
	部分 2	系数	1.000
		项数	1
	总项数		3
表格之间的相关性			0.704
Spearman-Brown 可靠性系数	等长		0.827
	不等长		0.841
Guttman 半分可靠性系数			0.774

由表 6-21 可得，两个部分的柯能毕曲 α 系数分别为 0.474 和 1.000，表格之间的相关性为 0.704，不等长的 Spearman-Brown 可靠性系数为 0.841，Guttman 半分可靠性系数为 0.774，表明前后两部分具有好的一致性。说明“美特斯邦威顾客满意度调查问卷”的“感知价值”部分的调查过程及资料具有较好的折半信度。

6. “企业形象”的折半信度分析

进行第六项一级指标“企业形象”的三项问题折半信度分析。具体操作步骤如图 6-10 和图 6-11 所示，只需将可靠性分析对话框“项目”中的三个二级指标更改为“企业形象”的三个二级指标即可，由此可以得到表 6-22。

表 6-22 “企业形象”前后分半的折半信度分析表

项目			数值
柯能毕曲 α 系数	部分 1	系数	0.525
		项数	2
	部分 2	系数	1.000
		项数	1
	总项数		3
表格之间的相关性			0.648
Spearman-Brown 可靠性系数	等长		0.786
	不等长		0.802
Guttman 半分可靠性系数			0.726

由表 6-22 可得，两个部分的柯能毕曲 α 系数分别为 0.525 和 1.000，表格之间的相关性为 0.648，不等长的 Spearman-Brown 可靠性系数为 0.802，Guttman 半分可靠性系数为 0.726，表明前后两部分具有好的一致性。说明“美特斯邦威顾客满意度问卷调查”的“企业形象”部分的调查过程及资料具有较好的折半信度。

三、奇偶分半下的折半信度分析

（一）全部问题的奇偶分半的折半信度分析

在进行折半信度分析时，为了避免由分半过程不当所导致的系统性误差，折半信度分析可以采用奇偶分半的方法，即将调查资料按照顺序交叉地分为两个部分。SPSS 中的折半信度分析采取的是前后分半的方法，所以我们可以在将变量导入“项目”框中时，采取手工的方式来实现信度分析的奇偶分半，先依次导入序号为奇数的问题，然后导入序号为偶数的问题。具体操作步骤类似，只需在可靠性分析对话框中导入“项目”时将问题交叉导入即可，如图 6-12 所示。

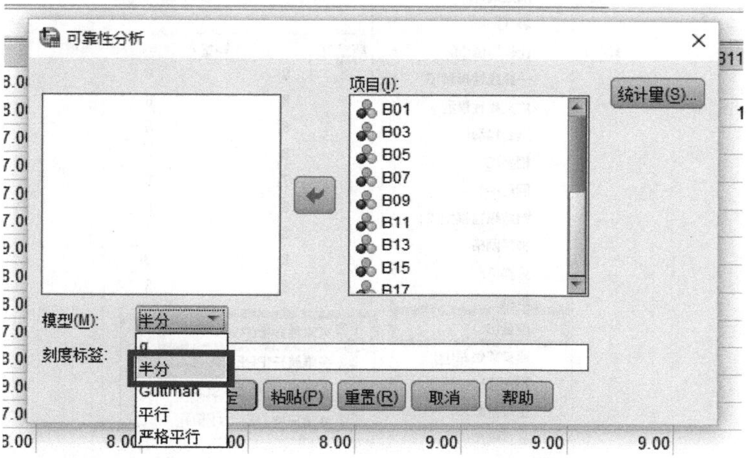

图 6-12　奇偶分半下的折半信度分析的项目和模型设置

奇偶分半下的折半信度分析结果如表 6-23 所示。与表 6-16“美特斯邦威顾客满意度调查”前后分半分组相比较，奇偶分半分组使表格之间的相关性、不等长的 Spearman-Brown 可靠性系数和 Guttman 半分可靠性系数数值均有改善。

表 6-23　奇偶分半的折半信度分析表

项目			数值
柯能毕曲 α 系数	部分 1	系数	0.802
		项数	9
	部分 2	系数	0.788
		项数	9
	总项数		18
表格之间的相关性			0.835
Spearman-Brown 可靠性系数	等长		0.910
	不等长		0.910
Guttman 半分可靠性系数			0.910

（二）一级指标的奇偶分半的折半信度分析

1.“顾客满意度”的奇偶分半的折半信度分析

进行第一项一级指标“顾客满意度”的三项问题奇偶分半的折半信度分析。SPSS操作步骤如下。

第一步：在主菜单栏中选择“分析”选项，然后选择“度量”选项，最后选择“可靠性分析”选项，如图6-13所示。

图6-13 奇偶分半下的折半信度分析的菜单操作

第二步：在可靠性分析对话框中选择“模型”选项中的“半分”，并将“顾客满意度”指标下的二级指标交叉导入“项目”中，最后点击“确定”即可，见图6-14。SPSS折半信度分析结果，如表6-24所示。

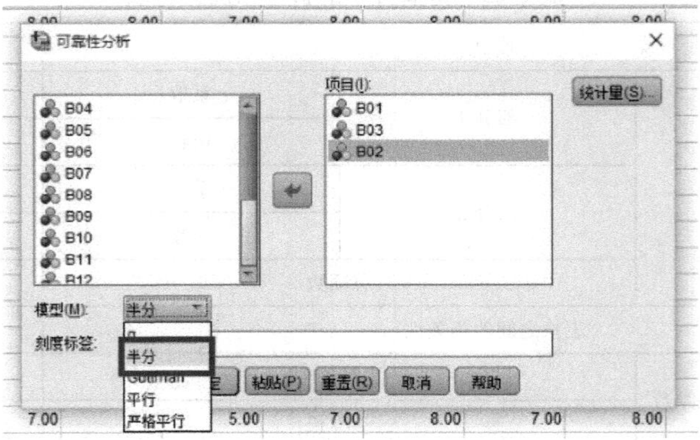

图6-14 “顾客满意度”指标的奇偶分半下折半信度分析设置

表 6-24　“顾客满意度”奇偶分半的折半信度分析表

<table>
<tr><th colspan="3">项目</th><th>数值</th></tr>
<tr><td rowspan="5">柯能毕曲 α 系数</td><td rowspan="2">部分 1</td><td>系数</td><td>0.783</td></tr>
<tr><td>项数</td><td>2</td></tr>
<tr><td rowspan="2">部分 2</td><td>系数</td><td>1.000</td></tr>
<tr><td>项数</td><td>1</td></tr>
<tr><td colspan="2">总项数</td><td>3</td></tr>
<tr><td colspan="3">表格之间的相关性</td><td>0.550</td></tr>
<tr><td rowspan="2">Spearman-Brown 可靠性系数</td><td colspan="2">等长</td><td>0.709</td></tr>
<tr><td colspan="2">不等长</td><td>0.728</td></tr>
<tr><td colspan="3">Guttman 半分可靠性系数</td><td>0.642</td></tr>
</table>

与“顾客满意度”前后分半的折半信度分析表相比，部分 1 的奇偶分半下的柯能毕曲 α 系数明显增大，但是表格之间的相关性、等长与不等长的 Spearman-Brown 可靠性系数和 Guttman 半分可靠性系数均有所下降。

2. “顾客忠诚度”的奇偶分半的折半信度分析

进行第二项一级指标“顾客忠诚度”的三项问题奇偶分半的折半信度分析。具体操作如图 6-14 所示，只需将可靠性分析对话框“项目”中的三个二级指标更改为“顾客忠诚度”的三个二级指标并将其交叉导入即可，由此可以得到表 6-25。

表 6-25　“顾客忠诚度”奇偶分半的折半信度分析表

<table>
<tr><th colspan="3">项目</th><th>数值</th></tr>
<tr><td rowspan="5">柯能毕曲 α 系数</td><td rowspan="2">部分 1</td><td>系数</td><td>0.482</td></tr>
<tr><td>项数</td><td>2</td></tr>
<tr><td rowspan="2">部分 2</td><td>系数</td><td>1.000</td></tr>
<tr><td>项数</td><td>1</td></tr>
<tr><td colspan="2">总项数</td><td>3</td></tr>
<tr><td colspan="3">表格之间的相关性</td><td>0.753</td></tr>
<tr><td rowspan="2">Spearman-Brown 可靠性系数</td><td colspan="2">等长</td><td>0.859</td></tr>
<tr><td colspan="2">不等长</td><td>0.871</td></tr>
<tr><td colspan="3">Guttman 半分可靠性系数</td><td>0.824</td></tr>
</table>

与“顾客忠诚度”前后分半的折半信度分析表相比，部分 1 的奇偶分半下的柯能毕曲 α 系数减小，但是表格之间的相关性、等长与不等长的 Spearman-Brown 可靠性系数和 Guttman 半分可靠性系数均有所增大。

3.“顾客期望”的奇偶分半的折半信度分析

进行第三项一级指标“顾客期望”的三项问题奇偶分半的折半信度分析。具体操作如图 6-14 所示，只需将可靠性分析对话框“项目”中的三个二级指标更改为“顾客期望”的三个二级指标并将其交叉导入即可，由此可以得到表 6-26。

表 6-26 “顾客期望”奇偶分半的折半信度分析表

项目			数值
柯能毕曲 α 系数	部分 1	系数	0.583
		项数	2
	部分 2	系数	1.000
		项数	1
	总项数		3
表格之间的相关性			0.481
Spearman-Brown 可靠性系数	等长		0.650
	不等长		0.669
Guttman 半分可靠性系数			0.617

与“顾客期望”前后分半的折半信度分析表相比，部分 1 的奇偶分半下的柯能毕曲 α 系数增大，但是表格之间的相关性、等长与不等长的 Spearman-Brown 可靠性系数和 Guttman 半分可靠性系数均有所减小。

4.“感知质量”的奇偶分半的折半信度分析

进行第四项一级指标“感知质量”的三项问题奇偶分半的折半信度分析。具体操作如图 6-14 所示，只需将可靠性分析对话框“项目”中的三个二级指标更改为“感知质量”的三个二级指标并将其交叉导入即可，由此可以得到表 6-27。

表 6-27 “感知质量”奇偶分半的折半信度分析表

项目			数值
柯能毕曲 α 系数	部分 1	系数	0.464
		项数	2
	部分 2	系数	1.000
		项数	1
	总项数		3
表格之间的相关性			0.465
Spearman-Brown 可靠性系数	等长		0.635
	不等长		0.655
Guttman 半分可靠性系数			0.562

与“感知质量”前后分半的折半信度分析表相比，部分 1 的奇偶分半下的柯能毕曲

α 系数减小，但是表格之间的相关性、等长与不等长的 Spearman-Brown 可靠性系数和 Guttman 半分可靠性系数均有所增加。

5.“感知价值”的奇偶分半的折半信度分析

进行第五项一级指标“感知价值”的三项问题奇偶分半的折半信度分析。具体操作如图 6-14 所示，只需将可靠性分析对话框“项目”中的三个二级指标更改为“感知价值”的三个二级指标并将其交叉导入即可，由此可以得到表 6-28。

表 6-28　“感知价值”奇偶分半的折半信度分析表

项目			数值
柯能毕曲 α 系数	部分 1	系数	0.568
		项数	2
	部分 2	系数	1.000
		项数	1
	总项数		3
表格之间的相关性			0.629
Spearman-Brown 可靠性系数	等长		0.772
	不等长		0.789
Guttman 半分可靠性系数			0.728

与“感知价值”前后分半的折半信度分析表相比，部分 1 的奇偶分半下的柯能毕曲 α 系数明显增大，但是表格之间的相关性、等长与不等长的 Spearman-Brown 可靠性系数和 Guttman 半分可靠性系数均有所减小。

6. “企业形象”的奇偶分半的折半信度分析

进行第六项一级指标“企业形象”的三项问题奇偶分半的折半信度分析。具体操作如图 6-14 所示，只需将可靠性分析对话框“项目”中的三个二级指标更改为“企业形象”的三个二级指标并将其交叉导入即可，由此可以得到表 6-29。

表 6-29　“企业形象”奇偶分半的折半信度分析表

项目			数值
柯能毕曲 α 系数	部分 1	系数	0.629
		项数	2
	部分 2	系数	1.000
		项数	1
	总项数		3
表格之间的相关性			0.563
Spearman-Brown 可靠性系数	等长		0.721
	不等长		0.739
Guttman 半分可靠性系数			0.670

与“企业形象”前后分半的折半信度分析表相比，部分 1 的奇偶分半下的柯能毕曲 α 系数明显增大，但是表格之间的相关性、等长与不等长的 Spearman-Brown 可靠性系数和 Guttman 半分可靠性系数均有所减小。

由此得到，折半信度分析的结果与原始资料的排列顺序相联系，即直接受到各项资料排列顺序的影响，同一资料，采取不同的分组，以及采取不同的排列顺序，都会影响到折半信度分析的结果。

进行折半信度分析时，应尽量拥有充分多的问题项数，否则折半信度分析结果对问题对半分组时的排序变换将非常敏感。

第二节 效度分析

效度是指问卷能否真正测量到所要测量的内容，也就是能否达到测量的目的，是否正确衡量了研究者所要了解属性的程度。效度可以用 0～1 的数字表示；效度数值越大，效度越大。在调查问卷的评估中，对于效度的度量可以从内容效度、准则效度和建构效度三个角度进行判断。

第一，内容效度。内容效度用于衡量调查内容的适合性和相符性，分析问卷内容是否彰显调查问题的所有或主要特征，能不能实现调查目的。调查问卷内容与事先所要调查内容越一致，说明调查问卷的内容效度越高，调查结果越有效。内容效度的测定主要有专家判断法、统计分析法和经验推测法三种。

第二，准则效度。准则效度指的是用几种不同的测量方式或不同指标对同一变量同时测量时的一致性程度。选择其中的一种方式或指标作为准则，其他的方式或指标与这个准则做比较。如果不同的测量方式或不同指标的调查结果高度相关，则说明测量方式具有较高的准则效度。

第三，建构效度。建构效度也称结构效度。如果问卷调查结果能够测量其理论特征，即问卷调查结果与理论预期一致，则认为问卷有较好的建构效度。换言之，建构效度就是调查结果与所要调查属性的同构程度。

效度测定的三种类型，从内容效度、准则效度到建构效度，可视为一个累进的过程，建构效度常被认为是最强有力的效度测量方法。从难易程度上来看，度量内容效度只需要一个单一的概念和对该概念进行测量的一个方法；度量准则效度仅需要一个概念，但需要对该概念的两个以上的测量法进行对比；而度量建构效度则不仅需要概念和测量法，而且还需要对命题中的相关概念及其测量法进行分析。效度是针对某种评测目的而言的，并不具有普遍意义。效度分析具有多面性，综合分析各类型的效度才能把握结果的有效性。

下面我们使用因子分析进行建构效度分析举例。

（一）使用因子分析进行建构效度分析的具体操作步骤

首先在 SPSS 中录入数据，使用第五章中“美特斯邦威顾客满意度调查问卷”的收集数据。

第一步：在主菜单栏中选择“分析”选项，然后选择“降维”选项，最后选择“因子分析”选项，如图 6-15 所示。

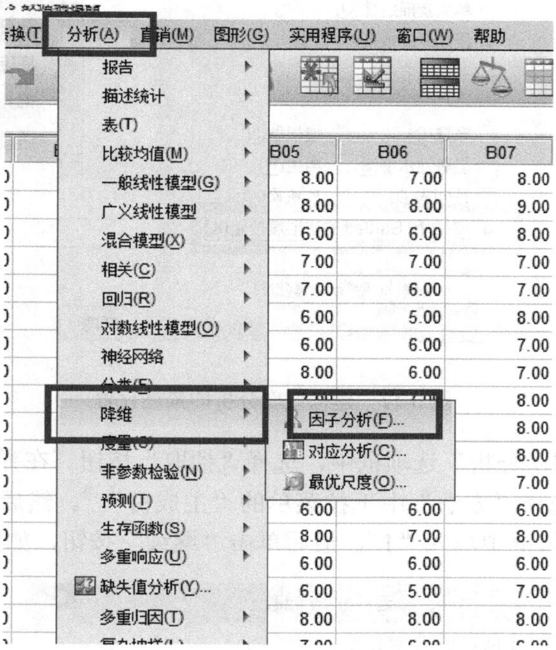

图 6-15　建构效度分析的菜单操作

第二步：将“美特斯邦威顾客满意度调查”18 项问题的数据全部导入变量框中，如图 6-16 所示。

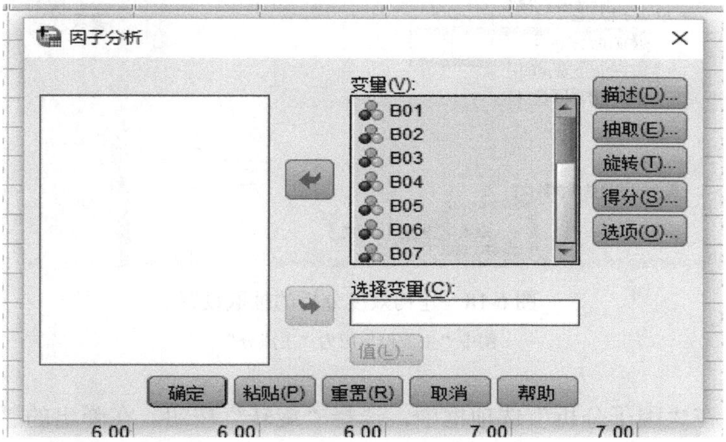

图 6-16　建构效度分析的变量设置

第三步：在“因子分析”选项框中，选择“描述”按钮。在弹出的“因子分析：描述统计”对话框中，选择“KMO 和 Bartlett 的球形度检验”。然后单击“继续”按钮，如图 6-17 所示。

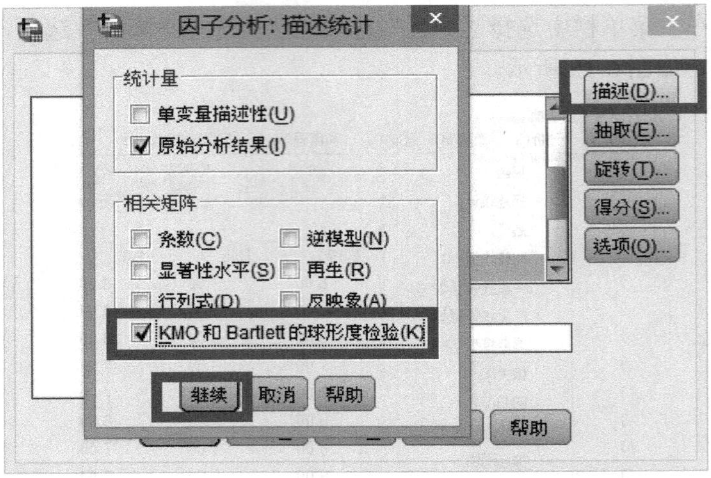

图 6-17　建构效度分析的描述设置

第四步：在“因子分析”选项框中，选择“抽取”按钮。在弹出的“因子分析：抽取”的对话框中，选择“方法”中下拉菜单的“主成份”①。然后在“基于特征值”的“特征值大于”的数值框中填入“1”，最后单击“继续”按钮，如图 6-18 所示。

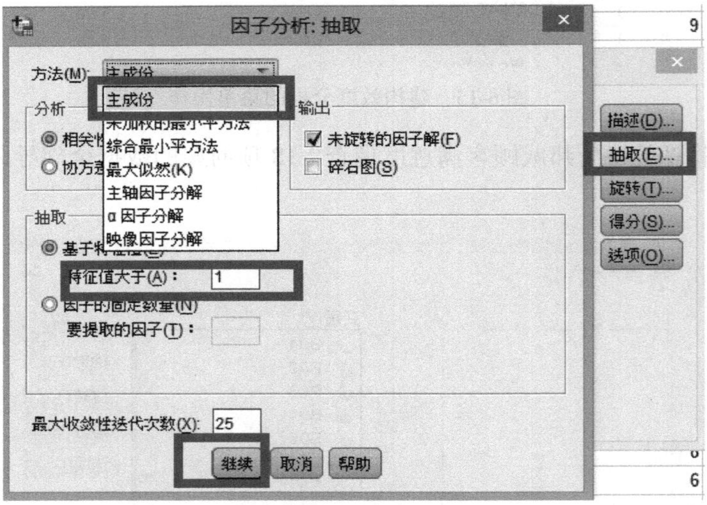

图 6-18　建构效度分析的抽取设置

图中“主成份”应为“主成分”

第五步：在“因子分析”选项框中，选择“旋转”按钮。在弹出的“因子分析：旋转”的对话框中，选择“方法”中的“最大方差法”，然后单击“继续”按钮，如图 6-19 所示。最后单击“因子分析”选项框中的“确定”按钮即可。

---

① “主成份”应为“主成分”。

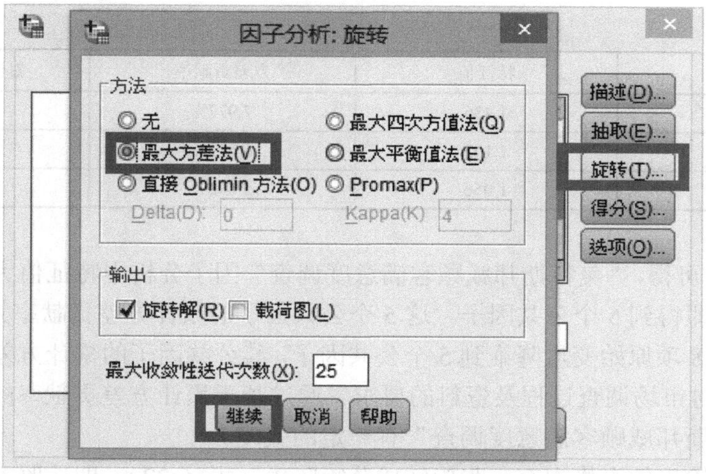

图 6-19 建构效度分析的旋转设置

因子分析输出的第一张表为“KMO 和 Bartlett 的球形度检验”，在效度分析时也可以称之为“KMO 和 Bartlett 的检验的效度分析表”，如表 6-30 所示。

表 6-30 KMO 和 Bartlett 的检验的效度分析表

项目		数值
KMO 检验		0.854
Bartlett 的球形度检验	近似的卡方检验值	781.478
	自由度	153
	伴随概率	0.000

由表 6-30 可知，“美特斯邦威顾客满意度调查”的 KMO 检验值为 0.854，表明效度较高，满足进行因子分析的要求，Bartlett 的检验值为 781.478，伴随概率趋于 0，拒绝相关系数矩阵为单位阵的零假设，表示对该市场调查资料可以进行因子分析。根据“美特斯邦威顾客满意度调查”的 KMO 检验值和 Bartlett 的球形度检验值，得出的结论是对该市场调查构成及资料可以采用因子分析来度量其效度。

（二）建构效度结果分析

因子分析输出的表格中有一张“解释的总方差”表，我们选取公共因子的特征值大于 1 的部分，纵栏取“初始特征值”部分，将原表中的“成分”改为“公共因子”、“合计”改为“特征值”、“方差的%”改为“方差贡献率”、“累计%”改为“累计方差贡献率”，因此可得方差贡献率分析表，如表 6-31 所示。

表 6-31 方差贡献率分析表

公共因子	特征值	方差贡献率	累计方差贡献率
F1	6.463	35.905%	35.905%
F2	1.730	9.609%	45.514%

续表

公共因子	特征值	方差贡献率	累计方差贡献率
F3	1.436	7.977%	53.491%
F4	1.192	6.622%	60.113%
F5	1.056	5.868%	65.981%

由表 6-31 可得，“美特斯邦威顾客满意度调查”因子分析中特征值大于 1 的公共因子共有 5 个，即得到 5 个公共因子。这 5 个公共因子的累计方差贡献率为 65.981%，经过因子分析，18 项原始变量降维到 5 个公共因子，其公共因子的累计方差贡献率略大于 60%，满足了对市场调查过程及资料的要求。通过基于累计方差贡献率的分析，进一步表明了“美特斯邦威顾客满意度调查”有一定的效度。

因子分析输出的表格中有一张旋转成分矩阵表（表 6-32），即按照方差最大化旋转之后的因子负荷矩阵，我们称之为旋转后的因子负荷矩阵分析表。

按照每一个题项，逐个比较其 5 个公共因子旋转后因子负荷的数值，取这些绝对数值最大值并将其标识出来。然后，按照标识出来各个题项的社会属性来确定每一个公共因子的社会意义，以此来分析“美特斯邦威顾客满意度调查”中各个题项的相互关联，以探索对“美特斯邦威顾客满意度调查”这一研究对象的影响因素。

表 6-32　旋转后的因子负荷矩阵分析表

问题	F1	F2	F3	F4	F5
B01	0.466	0.604	0.389	0.228	0.136
B02	0.067	0.215	0.821	0.082	0.021
B03	0.170	0.512	0.618	0.011	0.215
B04	0.372	−0.031	0.597	0.213	0.105
B05	0.777	0.267	0.103	0.088	0.122
B06	0.807	0.219	0.123	0.001	0.090
B07	0.073	0.787	0.077	0.007	0.097
B08	0.269	0.572	0.209	0.256	−0.061
B09	0.390	0.662	0.069	0.159	0.126
B10	0.060	−0.064	0.146	0.088	0.857
B11	0.123	0.314	−0.087	0.088	0.727
B12	0.324	0.400	0.365	0.076	0.384
B13	0.173	−0.076	0.049	0.721	−0.068
B14	0.118	0.333	0.105	0.764	0.119
B15	−0.030	0.171	0.148	0.831	0.214
B16	0.482	0.068	0.515	0.126	−0.198
B17	0.739	0.115	0.136	0.124	0.051
B18	0.750	0.149	0.185	0.080	0.081

由表 6-32 的探索性因子分析可以得出如下结论。

因子分析将对“美特斯邦威顾客满意度”的影响因素表述为 5 项公共因子，这与“美特斯邦威顾客满意度调查”问卷设计的 6 个一级指标不同。

第一项一级指标“顾客满意度”3 个题项的最大数值公共因子，分别落在了第二、第三、第三公共因子上（三个题项的最大值分别为 0.604、0.821、0.618，对应的公共因子分别为 F2、F3、F3），说明一级指标“顾客满意度”实际的社会特征可以区分为两个公共因子，表明该一级指标的效度水平一般。

第二项一级指标“顾客忠诚度”3 个题项的最大数值公共因子，分别落在了第三、第一、第一公共因子上，说明一级指标“顾客忠诚度”实际的社会特征可以区分为两个公共因子，表明该一级指标的效度水平一般。

第三项一级指标“顾客期望”3 个题项的最大数值公共因子，全部落在了第二公共因子上，说明影响力最大的第二公共因子代表了第三项一级指标“顾客期望”，其方差贡献率为 9.609%。第三项一级指标“顾客期望”与探索性因子分析完全吻合，表明第三项一级指标具有明显优良的效度水平。

第四项一级指标“感知质量”3 个题项的最大数值公共因子，分别落在了第五、第五、第二公共因子上，说明一级指标“感知质量”实际的社会特征可以区分为两个公共因子，表明该一级指标的效度水平一般。

第五项一级指标“感知价值”3 个题项的最大数值公共因子，全部落在了第四公共因子上，说明影响力最大的第四公共因子代表了第五项一级指标“感知价值”，其方差贡献率为 6.622%。第五项一级指标“感知价值”与探索性因子分析完全吻合，表明第五项一级指标具有明显优良的效度水平。

第六项一级指标“企业形象”3 个题项的最大数值公共因子，分别落在了第三、第一、第一公共因子上，说明一级指标“企业形象”实际的社会特征可以区分为两个公共因子，表明该一级指标的效度水平一般。

综上所述，“美特斯邦威顾客满意度调查”整体的效度良好，其中，第三项一级指标“顾客期望”和第五项一级指标“感知价值”均具有优良的效度水平；其余一级指标的效度水平一般。

抽样调查

学习要求：
1. 学习抽样调查的基本概念
2. 了解抽样方式的类别
3. 掌握常用概率抽样与非概率抽样的方法

由于时间和经费的限制，在市场调查的过程中我们往往不会调查全体对象，这就需要用到抽样调查的相关技术。抽样调查是当前市场调查普遍采用的一种经济有效的工作和研究方法。本章主要介绍抽样调查的基本概念及分类，列举了应用较为广泛的几种抽样方式以供参考学习。

第一节　抽样调查的基本概念

抽样调查是市场调查中应用最为普遍的一种调查方式，本节主要从抽样调查的定义及适用范围、基本术语、一般程序、注意事项等方面对抽样调查的基本概念进行介绍。

一、抽样调查的定义及适用范围

抽样调查是从全部调查研究对象中抽取一部分单位进行调查，用样本单位的情况对全体研究对象做出估计和推断。虽然抽样调查是一种非全面调查，但其目的是获取总体情况的信息资料，因而其可以起到了解总体情况的作用。

抽样调查大多在不能或不方便进行市场全面调查时应用，主要适用于以下情况。

第一，不能进行全面调查的事物。有些情况下，测量或试验对事物有破坏性，不可能进行全面调查。例如，食品质量检查、灯泡使用寿命试验等。

第二，有些调查总体从理论上讲可以进行全面调查，但实际上难以进行全面调查。例如，了解某个森林有多少棵树，某企业职工家庭生活状况如何等。

第三，抽样调查方法可以用于工业生产过程中的质量控制。

第四，利用抽样推断的方法可以对总体的假设进行检验。

二、抽样调查中常用的基本术语

在学习各类抽样调查技术之前，我们先对抽样调查中的一些基本术语进行介绍。

1. 总体

总体是指所要研究对象的全体，是根据一定研究目的而确定的所要调查对象的全体所组成的集合。组成总体的各研究对象称为总体单位，其具有同质性、大量性和差异性三个主要特点。

2. 样本

样本是总体的一部分，是从总体中按一定程序抽选出来的那部分总体单位所组成的集合。

3. 样本容量

样本容量又称样本数，指一个样本的必要抽样单位数目。适当的样本单位数目是保证样本指标具有充分代表性的基本前提，因此在抽样设计时必须合理确定样本单位数目。

4. 参数

在研究特定问题时，我们关心某几个变量的变化及它们之间的相互关系，其中有一个或一些变量称为自变量，另一个或另一些变量称为因变量。如果引入一个或一些另外的变量来描述自变量与因变量的变化，而引入的变量本来并不是当前问题必须研究的变量，这样的变量就称为参变量或参数。

5. 统计量

统计量是根据样本个体值统计计算出来的描述样本的特征量，是统计理论中用来对数据进行分析、检验的变量。

6. 抽样框

抽样框又称“抽样框架”“抽样结构”，是指对可以选择作为样本的总体单位列出名册或排序编号，以确定总体的抽样范围和结构。抽样框是抽样调查的基础，对于推断总体具有相当大的影响。如果没有抽样框，就不能计算样本单位的概率，从而也无法进行概率选样。

7. 置信区间

置信区间是指由样本统计量所构造的总体参数的估计区间。一个概率样本的置信区间是对样本的某个总体参数的区间估计。

8. 置信水平

置信水平也称为置信度、可靠度、置信系数，即在抽样调查对总体参数做出估计时，由于样本的随机性，其结论总是不确定的。因此，采用一种概率的陈述方法，也就是数理统计中的区间估计法，即估计值与总体参数在一定允许的误差范围以内，其相应的概率有多大，这个相应的概率称为置信水平。

9. 抽样误差

抽样误差是指由于随机抽样的偶然因素，样本单位的结构不足以代表总体单位的结构，而引起抽样指标和全局指标的绝对离差。抽样误差主要包括样本平均数与总体平均数之差，样本成数与总体成数之差。

10. 偏差

偏差又称为偏误，通常是指在抽样调查中除抽样误差以外，由各种原因引起的一些误差。

11. 标准差

标准差又称均方差，是指在抽样调查估计总体的某个指标时，所有可能样本的估计值与总体指标之间离差平方的算数平均数。

三、抽样调查的一般程序

抽样调查，特别是随机抽样调查，有比较严格的程序。只有按一定的程序进行，才能保证调查顺利完成，取得预期效果。抽样调查的一般程序如下。

1. 确定调查问题

市场调查的第一步是确定所要调查的问题及调查工作所要达到的目标，即确定调查所要解决的具体问题。只有对市场调查问题有清晰的认识和准确的定位，市场调查项目才能得到有效的实施。市场调查问题主要包括经营管理决策问题和具体的市场调查问题这两方面的内容，这两方面问题之间虽不相同，但密切相关。

2. 确定调查总体

根据市场抽样调查的目标要求，明确调查对象的内涵、外延及具体的总体单位数。确定所有调查对象与范围，是抽样调查的前提和基础。

3. 抽样框的确定与编号

明确供抽样所用被调查对象的详细名单并对调查总体中的个体进行编号。在没有现成名单的情况下，可由调查人员自己编制。

4. 选择样本

选择样本首先要进行样本设计，主要包括两项具体工作：一是确定样本容量，即样本所要包括的所有单位的个数；二是选择具体的抽样方式，由于抽样方式较多，必须根据调查目的和调查单位的具体情况进行选择。在上述问题确定后，按预定的要求选择调查的样本。

5. 实施调查，收集数据

对选定的样本按计划进行实际调查，可以采用多种方法对样本单位实施调研，收集样本数据。

6. 清洗整理数据

收集到样本数据后，还要对资料进行清洗和整理，最后计算出样本指标。

7. 估计和检验

由样本指标估计总体参数，如由样本均值估计总体均值，由样本比例估计总体比例。根据小概率原理判断总体参数提出的假设是否成立。

8. 评估反思

最终评估是对抽样调查的全过程进行总结、回顾，反思抽样调查中出现的问题，在今后的抽样调查中避免再次出现类似情况。

四、抽样调查的注意事项

抽样调查的特点就是抽取样本进行调查，难免会产生调查结果的误差，这也是抽样调查的弱点。为了发挥抽样调查的积极作用，减少误差，在抽样过程中需要注意以下四个方面。

（一）合理解读抽样的精确度

在抽样设计中应首先明确的一点是，对准确度的要求是怎样的。有些调查人员认为调查结果应达到百分之百准确，甚至可以为此不惜一切代价。这实际上是抽样设计的一种误区，也是不可能达到的。正确的观点应是，要满足调查所需的准确度，而不是百分之百的准确度。在抽样调查中准确度只需满足决策要求就可以了，不必追求过分的精确，以免花费过多的调查费用 。

进行抽样方案设计时，应该利用一定的时间去了解这项调查所要求的准确程度，并以此作为设计整个调查方案的依据。这样做既能满足决策的要求，又能提高调查的效率。例如，我国城市家庭调查一般要求误差在平均水平上不超过2%～3%，可信程度达到95.45%。

（二）恰当选择样本数目

通常对于同一抽样方式来说，调查样本数量越多，抽样越准确，样本数目的提升有利于提高调查结果的准确性，减少误差。但同时样本越多，费用开支越大，需要时间越长。样本数量少，可以节省时间和费用，但带来的误差较大，调查结果的准确度较差。在市场调查中，如何处理好样本数目和调查结果的准确程度这对矛盾之间的关系，需要从实际出发，根据调查问题的性质决定。

另外，抽样数目还取决于允许误差。在市场调查中，有时可以根据调查要求，提出调查的误差允许度。一般来说，允许误差越小，抽样数目应越多；允许误差稍大，抽样数目可以适当减少。

（三）选择正确的抽样方法

选择正确的抽样方法才能使抽取出来的样本真正代表母体。如果选取的样本能够很好地代表总体，则调查结果就比较准确，误差较小。反之，如果抽选的样本不是总体的真实缩影，则调查结果就不能很好地反映、推算总体的准确情况。

抽样方法的选择是提高抽样质量的重点，也是市场调查的重点。在选取抽样方法之前一定要做好足够的信息准备，在了解抽样目的及调查目的的前提下进行选择。

（四）加强抽样组织

在市场调查中，如果调查工作质量差，就会明显降低调查结果的准确性。这类调查误差属于工作组织问题，并不是由抽样方法本身造成的，称为非抽样误差。

非抽样误差的产生，主要原因有以下两点。

第一，调查项目设计不当，计划不调，划分范围不准。对待这类情况，应该在设计时采用更科学的方法，如匿名填表、深入面谈等形式，调查了解真实情况，减少误差。

第二，记录、计算、汇总误差。在抽样调查中，有时要填写成千上万张表格，一天中调查人员需要记录许多内容，工作单调枯燥。如果调查人员责任心不强，工作不细致，就有可能造成记录不准确的问题。另外，在计算、汇总调查情况的过程中，调查内容多，工作复杂，仅仅采用人工计算，容易发生差错，造成调查误差。

上述造成非抽样误差的两类情况，可以采取适当措施，努力加强市场调查的组织工作，增强调查人员的工作责任感，保证工作质量，从而减少调查误差。

第二节 非概率抽样方式

非概率抽样又称非随机抽样，是指在抽取样本时不遵照随机原则，根据主观判断有目的地进行挑选，或是依照方便、快捷的原则进行抽取。非概率抽样简单易行、成本低、节省时间，在统计上比概率抽样简单。然而，非概率抽样无法排除抽样者的主观性，无法控制和客观地测量样本代表性，因此其样本不具有推论总体的性质，非概率抽样多用于探索性研究、预备性研究，以及总体边界不清难于实施概率抽样的研究。

一、方便抽样

在方便抽样中，调查人员选择最容易接近的人作为研究对象。方便抽样常用于干预试验或预调查，也可用于调查收尾时补缺。最简单的方便抽样是偶遇抽样，即调查人员将在某一时间和环境中所遇到的每个总体单位均作为样本单位。方便抽样是非随机抽样中最简单的方法，节省时间和成本，但样本代表性因受偶然因素的影响太大而得不到保证。

方便抽样最典型的方式就是拦截式调查，即在街边或居民小区内拦住行人进行调查。例如，为了了解消费者对某餐厅食品的评价，调查人员可以在该餐厅门口向就餐后的顾客询问对食品的看法，这就是一种方便抽样。

二、自愿样本抽样

自愿样本不经过抽取，而是由自愿接受调查的单位所组成的样本。例如，在有些饭店的餐桌中央有调查表，就餐者可以自愿填答；飞机上乘务员向乘客发放调查表，乘客自愿参与调查。网络调查是构造自愿样本的另一个例子，调查人员将调查问卷粘贴到相关内容的网页上，上网用户可以自愿参与。还有一些调查采用将问卷刊登在报刊上这种方式进行。这类调查所得到的样本都可以视为自愿样本。

自愿样本抽样有一些特点。首先，样本集中于某些特定的群体，只有能够接触到调查问卷的被调查者才有机会参与调查；其次，构成样本的单位往往对调查内容感兴趣，并愿意陈述自己的看法，因此这类调查的样本结构具有独特性，但有时其又与总体结构相距甚远，导致调查结果不能反映总体状况。然而，这种自愿参与性的调查组织方便、成本低廉，而且被调查者大多是对调查内容的关心者。调查人员能够了解这个特定群体的意见和看法，这对于了解情况、分析问题及查找原因都是十分重要的。

三、判断抽样

判断抽样又称立意抽样，是由调查人员根据对实际情况的了解和以往调查的经验来确定样本单位。判断抽样往往带有目的导向，样本单位的选取取决于调查目的。当调查人员对自己的研究领域十分熟悉，对调查总体比较了解时常常采用这种抽样方法。判断抽样具有简便易行、被调查者配合较好、资料回收率高等优点。但同时抽样结果受调查人员的倾向性影响，对调查人员要求较高，一旦存在主观判断偏差，则容易引起抽样偏差。

判断抽样可以分为平均型抽样、众数型抽样及特殊型抽样。平均型抽样是指在调查总体中选定的样本可以代表平均水平，其目的是了解总体平均水平的大体位置。众数型抽样是指在总体中选取能够反映大多数单位情况的个体作为样本。特殊型抽样是指选择好（高）的或很差（低）的典型单位为样本，目的是“解剖麻雀”，分析研究造成这种异常的原因。

四、定额抽样

定额抽样又称配额抽样，是指将总体中的各单位按一定标准划分为若干个类别，将样本数额分配到各类别中，在规定的数额内由调查人员任意抽选样本。在定额抽样中，可以按单一变量控制，也可以按交叉变量控制。定额抽样与分层概率抽样很接近，最大的不同是分层概率抽样的各层样本是随机抽取的，而定额抽样的各层样本是非随机的。例如，在研究幸福感问题时，考虑到婚姻与性别可能对幸福感有影响，可将研究对象分为未婚男性、已婚男性、未婚女性和已婚女性四个组，然后从各组中非随机抽样。

定额抽样适用于设计调查者对总体的有关特征具有一定的了解而样本数较多的情况。其费用不高，易于实施，能满足总体比例的要求，不需要抽样框，又能保证样本结构与总体结构的一致。但定额抽样容易掩盖不可忽略的偏差。

五、滚雪球抽样

滚雪球抽样是指先随机选择一些被调查者并对其实施调查，再请他们提供另外一些属于所研究目标总体的调查对象，根据所形成的线索选择此后的调查对象。滚雪球抽样多用于总体单位信息不足的情况或观察性研究。

滚雪球抽样可以根据某些样本特征对样本进行控制，适用于寻找一些在总体中具有相似特征的调查对象，这大大增加了接触调查群体的可能性，经费相对较低，可行性较强。但滚雪球抽样的调查对象局限于想法属性相近的一群人，因而代表性严重不足。

滚雪球抽样的基本步骤如下：首先，找出少数样本单位；其次，通过这些样本单位了解很多的样本单位；最后，通过很多的样本单位去了解更多的样本单位，以此类推。具体而言，以若干个具有所需特征的人作为最初的调查对象，然后依靠他们提供认识的合格调查对象，再由这些人提供第三批调查对象……以此类推。样本如同滚雪球一样由小变大，调查的样本单位越来越多，使调查结果越来越接近总体实际情况。

例如，某研究机构在调查某市冲浪爱好者器材采购方面的问题时，先访问了一名冲浪爱好者，然后请他再提供其他冲浪爱好者名单，这样调查逐步扩大到近百人。通过对这些冲浪爱好者的调查，可以对冲浪爱好者购买器材种类、是否关注器材品牌、器材耐用度等状况有较全面的了解。

滚雪球抽样的优点是便于有针对性地找到被调查者，而不至于“大海捞针”。然而，滚雪球抽样要求样本单位之间必须有一定的联系并且愿意保持和提供这种联系，否则将会影响这种调查方法的进行和效果。

六、同伴驱动抽样

同伴驱动抽样可以看作在滚雪球抽样法中加入二次激励机制。在实际的调查中，由滚雪球抽样得到的样本常常面临代表性偏差的问题，如出于对个人及亲朋好友的隐私保护等原因，滚雪球抽样常常会面临难以顺利进行的困境。不过，由于引入了二次激励机制，同伴驱动抽样在一定程度上可以解决这个问题。二次激励法是指在对被调查者做完调查给予一定奖励的基础上，如果该被调查者能够推荐其他同伴接受调查，则对其进行二次奖励。

二次激励法和一次激励法相比，有以下几方面的优势：第一，单一奖励时，人们是否参加调查是个体行为，但在二次奖励中，人们是否参加调查会受别人的影响；第二，作为种子，如果他的同伴接受调查则种子会受到奖励，种子会尽量劝说同伴接受调查，推动调查过程；第三，作为受种子邀请的被调查者来说，由于受到同伴的尽力邀请，一些原本不会接受调查的个体可能会接受调查。

同伴驱动抽样是一种较为新颖的抽样方式，其优良的抽样特性被逐渐推广开来，这在一定程度上有利于对难以接近的人群进行调查。

第三节 概率抽样方式

概率抽样也称随机抽样，是指在抽取样本时排除主观意识，总体中的每个单位都有一定的概率被抽中。如果每个单位被抽入样本的概率相同，称该抽样为等概率抽样；如果每个单位被抽入样本的概率不同，则称该抽样为不等概率抽样。

概率抽样应满足以下三种特性：随机性，即总体中的所有个体具有同样被抽出的概率；可行性，即抽样的方法在实际中是可以实施的；信息性，即抽得的样本应尽可能反映出分析时所期望的各种信息要求。

在概率抽样条件下，样本统计量的分布一般是可测的，因而可以用样本统计量对总体参数进行估计，并根据概率样本计算抽样误差。概率抽样能够按总体内在结构中所蕴含的各种随机事件的概率来构成样本，使样本成为总体的缩影。因而概率抽样最为突出的特点是可以用样本数据对总体参数进行估计，并计算总体参数可能落入的区间范围。

概率抽样与非概率抽样相比，操作技术较为复杂，且有抽样框的限制，抽样成本较高。在实际应用中，概率抽样包含很多种类，可以根据不同的调查需求进行选择。这里只对概率抽样做简要的介绍，读者感兴趣的话可以继续学习概率抽样的专业书籍。

一、简单随机抽样

简单随机抽样是指从总体 N 个单位中任意抽取 n 个单位作为样本，使每个可能的样本被抽中的概率相等的一种抽样方式。简单随机抽样是最基本的随机抽样方法，操作简单，且每个单位入样的概率是相同的，因而计算抽样误差和对总体参数进行推断均有比较简单的形式。但是，简单随机抽样没有利用抽样框中更多的辅助信息，所以用样本统计量估计总体参数的效率会受到影响。

在简单随机抽样条件下，样本的分布可能十分分散，这就增加了市场调查的费用和时间。按照样本抽选时每个单位是否允许被重复抽中，简单随机抽样可分为重复抽样和不重复抽样两种。在抽样调查中，特别是市场调查中，简单随机抽样一般是指不重复抽样。

简单随机抽样是其他抽样方法的基础，其抽样方法简单，误差分析方便，在理论上容易处理。但同时，简单随机抽样要求有一个包含全部 N 个单位的抽样框，需要的样本容量较多，抽样得到的样本单位较为分散，调查有时不容易实施。简单随机抽样通常适用于抽样框中没有更多可以利用的辅助信息、调查对象分布的范围不广且个体之间的差异不大的情况。

抽样方法有直接抽取法、抽签法、随机数表法等。

1. 直接选取法

直接选取法是从调查总体中直接随机抽取样本进行调查。这种方法适合对集中于某个空间的总体进行抽样。例如，对存放于仓库的同一种商品直接随机抽取出若干样本进行质量状况检查。

2. 抽签法

抽签法是针对调查总体制作 N 个签，分别对其编号，将它们混合均匀后，一次同时抽取 n 个签或一次抽取 1 个签（但不把这个签放回），接着抽取第 2 个、第 3 个……直到抽足 n 个为止。在总体单位 N 较大的情形下，仅制作选签就是一件繁重的工作，因此在实践当中抽签法使用得越来越少。

3. 随机数表法

随机数表法是指按照随机数表抽取样本。首先给总体各单位统一编号，再根据编号的最大数即总体单位数的位数确定使用随机数表中若干列或若干行的数字，然后从任意行或任意列的第一个数字起，向任何一个方向扩展，遇到属于总体单位编号内的号码就定为样本单位，直到抽够预定的样本单位数为止。随机数表是由 0～9 随机数字组成的表，表中数字的排列顺序也是随机的。

二、分层抽样

分层抽样是从一个可以分成不同层的总体中，按规定的比例从不同层中随机抽取样本的方法。分层抽样的估计原理为，首先利用各层样本对各层的有关参数进行估计，然后将各层的估计结果进行加权综合，得到总体的参数估计。运用符号来叙述分层抽样的过程就是假设总体由 N 个单位构成，把总体划分为 K 组，使得

$$N=N_1+N_2+\dots+N_k$$

然后从各组的 N_i 个单位中抽取 n_i 个单位，这 n_i 个单位共同构成容量为 n 的样本。分层抽样的分类是按有关的主要标志进行分组的，而各组的单位数一般是不同的，因此分层抽样通常是按各组单位数占总体单位数的比例来抽取样本，即

$$\frac{n_1}{N_1}=\frac{n_2}{N_2}=\cdots=\frac{n_k}{N_k}=\frac{n}{N}$$

所以各组的样本单位数为

$$n_1=n\frac{N_i}{N}$$

按照各层之间的抽样比例是否相同，分层抽样可分为等比例分层抽样与非等比例分层抽样两种。各层样本数的确定方法有三种：第一，分层定比，即各层样本数与该层总体数的比值相等；第二，奈曼法，即各层应抽样本数与该层总体数及其标准差的积成正比；第三，非比例分配法，即各层样本数与该层总体数的比值不等，如当某个层包含的个案数在总体中所占比例太小时，为使该层的特征在样本中得到足够的反映，可人为地适当增加该层样本数在总体样本中的比例。

分层抽样在一定程度上提高了抽样的精度，在一定精度的要求下分层抽样可以减少样本的单位数以节约调查费用。因此，分层抽样是应用最为普遍的抽样技术之一。通过对研究总体进行分类，可以将总体中标志值比较接近的单位归为一组，减少各组内的差异程度，再从各组抽取样本单位，这样可以大大增加样本的代表性，因而抽样误差就相对缩小了。

在总体单位标志值大小悬殊的情况下，与简单随机抽样相比，运用分层抽样可以得到更加匹配的结果。分层抽样在实际抽样中得到了广泛的应用，如调查全国脱贫情况，可以将样本先按地理位置进行划分，再进行脱贫程度的调查。

分层抽样抽取的样本的代表性比较好，抽样误差比较小。但在分层抽样中，调查者必须对总体情况有较多的了解，否则无法对其进行恰当分层。分层抽样在实际抽样调查中使用广泛，在同样样本容量的情况下，比纯随机抽样的精度高。此外分层抽样的管理方便，费用少，效度高，在调查中经常被使用。

三、整群抽样

整群抽样是指整群地抽选样本单位，对被抽选的各个群进行全面调查的一种抽样组织方式。整群抽样的优点是实施方便、节省经费；缺点是不同群之间的差异较大，往往引起其抽样误差大于简单随机抽样的误差，样本的分布面不广，样本对总体的代表性相对较差。

整群抽样主要适用于以下两种情况：一是在总体单位分布很广的条件下，若采用简单随机抽样，样本的分布十分分散，调查实施有一定难度、费时费力。整群抽样实施调查方便，可以节省费用和时间。二是缺乏总体单位抽样框的情况。例如，要对河北省中学生的视力状况进行抽样调查，全省中学生名单的抽样框是很难获得的，但全省中学的抽样框容易获得。因此可以依据该抽样框抽取中学，在所选的中学中抽取班级，这时可以把班视为群，对被选班的所有学生进行视力测试。

需要注意的是，整群抽样与分层抽样虽然在形式上有些相似，但实际上差别很大：分层抽样要求各层之间的差异很大，层内个体或单元差异小，而整群抽样要求群与群之间的差异比较小，群内个体或单元差异大；分层抽样的样本是从每个层内抽取若干单元或个体，而整群抽样则是要么整群抽取，要么整群不被抽取。

四、系统抽样

系统抽样又称等距抽样，是依据一定的抽样距离从总体中抽取样本的方法。总体单位的排列可以是一维的（如直线排列），也可以是二维的（如平面排列）；起始单位可以是一个，也可以是一组；对总体单位的抽取可以是等概率的，也可以是不等概率的。

等距抽样是最简单的系统抽样，它将总体 N 个单位按直线排列，根据样本量 n 确定抽样间隔，即 $\frac{n}{N}$，k 为最接近 $\frac{n}{N}$ 的一个整数。在 $1 \sim k$ 范围内随机抽取一个整数 i，令位于 i 位置上的单位为起始单位，往后每间隔 k 抽取一个单位，直至抽满 n，这时总体中每个单位的入样概率相等，均为 $\frac{1}{k}$，因此等距抽样是一种等概率抽样。等距抽样有下列两种对总体单位的排序方法。

（一）按无关标志排序

按无关标志排序是指总体单位排列的顺序和所要研究的标志无关的排序方法。例如，调查职工的收入水平，可按姓氏字母排列的职工名单进行抽样；灯泡生产质量检验可按产品生产的时间顺序进行等距抽样等。一般认为，按无关标志排序的等距抽样是一种抽签法，其为比随机数表法效果更佳的纯随机抽样法，也称无序系统抽样。

（二）按有关标志排序

按有关标志排序是指总体单位排列的顺序与所要研究的标志有直接关系的排序方法。例如，在进行水果产量抽样调查时，可按照当年估产或前几年的平均实产由低到高或由高到低的顺序进行排序，然后进行抽样。这种按有关标志排序的等距抽样又称有序系统抽样，能使标志值不同的单位均有可能选入样本，从而提高样本的代表性，减小抽样误差。一般认为有序系统抽样比等比例分层抽样能使样本更均匀地分布在总体中，抽样误差也更小。

简便易行是系统抽样最突出的优点。与简单随机抽样相比，系统抽样特别是等距抽样简便易行，因为系统抽样仅需要一个或几个初始单元就可以确定整个样本。系统抽样不必要求完整的抽样框，只要总体单元按一定顺序排列即可，这在某些场合调查中十分方便。另外，系统抽样过程的原始记录易保存，便于检查与监督。系统抽样仍存在一定的局限性，就一般系统抽样而言，当 $N \neq nk$ 时，样本均值不是总体均值的一个无偏估计量，这时如果想获得无偏估计量，需要对原有的方法进行修正。更为重要的是系统抽样的方差估计在实际中较为困难，不存在一般意义的无偏估计；不少实际中较好的系统抽样甚至都不是严格的概率抽样，这就对抽样误差的估计造成很大的困难。

五、多阶段抽样

多阶段抽样是先将一个很大的总体划分为若干个子总体，即一阶单位，再把一阶单位划分为若干个更小的单位，即二阶单位，照此继续下去划分出更小的单位，即三阶单位、四阶单位等，然后分别按随机原则逐阶段抽样。在很多复杂的情况下，尤其是在大规模的市场调查中，调查单位一般不是一次性直接抽取的，而是采用两阶段或多阶段抽取的办法，即先从总体中抽选大的调查单元，再在大单元中抽选小单元，然后在小单元中抽选更小的单元，也就是使用多阶段抽样的方法。

多阶段抽样的抽样方式灵活，有利于提高抽样的估计效率，在各阶段可以充分利用辅助信息。多阶段抽样的优点在于其适用的面很广，不需要一个包括所有总体单位的抽样框，当总体范围太大，无法直接抽取样本时也可使用，且相对节省调查费用。多阶段抽样的主要缺点是抽样过程较为麻烦，而且从样本对总体进行估计的过程比较复杂。

多阶段抽样与分层抽样的主要区别在于：分层抽样是对总体中的每个一级样本群体进行全面入样，再对所有的样本进行抽查；而多阶段抽样则把总体中所有的群体视为一阶单元，对这些一阶单元进行抽样，将抽出的样本再次进行抽样（两次都不是进行全面的调查），产生两级样本，最后综合估算出总的一级样本指标。

多阶段抽样与整群抽样的主要区别在于：整群抽样是对总体中抽取的每个样本群体所包含的基本单元进行全面调查；而多阶段抽样则把总体中所有的群体视为一阶单元，对每一个被抽中的一阶单元所包含的二阶单元，不是进行全面的调查，而是再进行一次抽样调查，即产生多阶单位样本，最后综合估算出总的一级样本指标。

第八章

数据处理与分析

学习要求：

1. 学习市场调查资料的整理过程
2. 了解不同类别数据的获取与应用
3. 掌握市场分析的方法

市场调查的目的是了解市场发展的现状和变化趋势，为企业管理决策提供科学的依据，因此对数据的处理和分析是市场调查中不可缺少的一环。本章主要介绍不同种类数据的来源与如何根据需要进行选择，讲解整理市场调查资料的内容与步骤，探讨数据分析的流程与方法。

第一节　数据来源与选择

在市场调查的分析阶段，数据来源有两种：一种是二手资料，也称二手数据或次级资料；另一种是一手资料，又称一手数据、初级资料或原始资料。二手资料是指以前收集好而且通常已经使用过的资料，这些资料既包括过去的市场调查资料，也包括非市场调查资料，甚至还包括不一定与当前问题有关的历史资料。一手资料是指通过访谈、询问、问卷、测定等方式直接获得的数据信息。本节主要对二手资料、描述性研究数据、因果关系研究数据以及数据的评价与选择进行介绍。

一、二手资料

二手资料是基于其他目的已经收集好的资料，是长期累积形成的，其数量巨大，用途多样，信息量庞大，来源广泛。相对于一手资料，二手资料比较容易得到，价格相对便宜，并能很快地被获取。在市场调查中，使用二手资料花费的时间和费用较少，不受时间和空间的限制，不受调查人员和被调查者主观因素干扰。但是二手资料是为其他目的而不是为当前研究的特定问题而收集的，因此二手资料在解决当前问题方面存在缺陷。这种缺陷主要体现在资料的相关性和准确性不够，收集数据的目的、性质和方法不一定适合当前的情况，二手资料可能已经过时，缺乏准确性。

二手资料的来源主要包括企业内部资料和企业外部资料。

（一）企业内部资料

企业内部资料是存在于企业内部的资料，是在企业的正常运转过程中收集整理并使用的资料。企业内部资料主要包含企业内部各经营环节、各管理部门和各层次产生并积累的经济活动的各种记录、凭证等信息资料。它主要来源于业务资料、统计资料、供销资料、财务资料及企业积累的其他资料。

对于企业内部资料的收集，我们要特别重视以下三个方面的建设。

1. 企业数据库

企业数据库是存放企业生产经营相关信息的一种系统。企业数据库分类记载着企业的各种数据，如人力资源部门的员工数据库、财务部门的财务数据库、营销部门的有关销售数据库等。

2. 企业决策支持系统

企业决策支持系统作为一种新兴的信息技术，能够为企业提供各种决策信息及很多商业问题的解决方案，从而减轻了管理者从事低层次信息处理和分析的负担，使管理者专注于最需要的决策智慧和经验工作，因此提高了决策的质量和效率。企业决策支持系统积累了大量企业经营决策数据，具有互动性、灵活性、导向性的特点，易于学习和操作。

3. 企业数据仓库

企业数据仓库是利用电子技术所提供的大量数据存储、分析能力，将以往无法深入整理分析的客户资料建立成一个强大的客户关系管理系统，以帮助企业制定精准的营销对策，适时提供决策支持信息。数据仓库有别于传统的数据库，数据库是未经整理的一大堆资料的集合，而数据仓库从数据库中萃取出来，具有主题导向、整合性、长期性和稳定性的特点。一般来说，常用的数据仓库解决方案涵盖数据模型创建、数据整合与存储以及数据表现与展示三大部分。

（二）企业外部资料

企业外部资料是存在于企业外部的各种信息源，如书籍、报刊，政府出版物、名录等资料。企业外部资料信息量大，分布广泛，但需要调查者仔细甄别，筛选出适用于研究项目的有效资料。

企业外部资料的来源主要有以下几种：政府和经济管理部门公布的有关资料；各种经济信息中心、专业信息咨询机构、统计部门、行业协会公布和保存的市场信息和有关情报；国内外有关书籍、报刊和电台、电视台所提供的信息资料；各种国际组织、外国使领馆、商会所提供的国际市场信息；各种类型的图书馆和资料室；有关生产和经营机构提供的商品目录、广告说明书、专利资料及商品价目表等；专业性、学术性经验交流会议上所发放的文件和材料。

随着科技的不断发展，我们查找企业外部资料的方式已经发展为两种，一种是传统方法，另一种是网络方法。

（1）传统方法。二手资料的基本来源是传统出版物与传统信息集散场所。传统出版物包括报纸、杂志、图书、广播、电视，政府与国际组织出版物、统计公报和行业刊物，还有一些大企业自己的信息披露载体；传统信息集散场所包括图书馆、档案馆、资料中心或信息中心、政府机构、各种行业协会和专业学会等。虽然现在网上查询十分便捷，但对于涉密和内部书籍文献，一般只能使用传统方法来获取。

（2）网络方法。现代社会是一个信息飞速发展的社会，目前通过互联网查询和电子数据产品查询来获得二手资料的方法被广泛应用。网络方法查找到的信息多种多样，分类清晰，搜索方便，且成本较低。但同时网络信息繁多复杂，更加考验调查人员的鉴别能力与选择能力。

二手资料的评价包括两个方面：一是关于数据收集过程基本信息的评价；二是关于数据收集质量的评价，包括可靠性、目的性、技术性、误差水平、内容的合适性和时效性等。在选择和使用二手资料时，我们必须认真评估其有效性，重点考察以下几个方面：①信息是谁收集的？②信息是什么时间收集的？③当初的调查目的是什么？④信息收集的方法是什么？⑤信息与其他调查结果是否一致？⑥是否有关于调查精度的说明？

二、描述性研究数据

描述性研究是数据研究的基础，也是市场研究中最常采用的方法。描述性研究数据可以采用调查法和观察法来获取。

1. 调查法

调查法是指从总体中抽选一个样本，通过设计好的结构式问卷对该样本进行调查，进而获取所需具体信息的方法，其为获取描述性数据较为重要的方法之一。调查法获取数据一般采用随机抽样的方式。

不同的调查法采集的数据并不相同，具有多样性和差异性，在运用时我们需要明确各自的特征。一般基于以下因素进行比较和评价：数据收集的灵活性、问答题的多样性、对辅助物品（如图片等）的使用、对样本控制、对数据收集环境的控制、对实施力的控制、数据量、回收率、社会合意性、获取敏感信息的可能、可能由调查人员造成的偏差、时间限制、成本金额等。

2. 观察法

观察法是指调查人员根据一定的调查目的或观察表，用自己的感官和辅助工具直接观察研究对象，从而获得资料的一种方法。

根据观察的具体形式，观察法可分为人员观察和机器观察；根据所取得资料的时间特征，观察法可分为纵向观察、横向观察和纵横结合观察；根据观察结果的标准化程度，观察法可分为控制观察和非控制观察；根据观察者参与观察活动的程度，观察法可分为完全参与观察、不完全参与观察和非参与观察。

运用观察法获取数据时有多种记录方式，主要包括记忆、卡片、符号、速记和机械。在实际操作过程中，记录水平是影响调查结果和调查数据质量的重要因素，记录方式会直接影响调查结果。因此在调查时，我们应注意选用适当的记录方式，以保证调查的高效和结果的可靠。

三、因果关系研究数据

因果关系研究数据主要是通过了解企业产品和服务对社会需求的适应情况，以测定企业的各种经营手段所取得成效的市场研究方法。

常用的因果关系研究数据有以下几种。

第一，自变量。自变量又称独立变量、处理变量或控制变量，是指调查人员所能控制、处置或操纵的，其效果可以测量和比较的变量。

第二，因变量。因变量又称响应变量，是指随着自变量变化而变化的变量，是测量自变量对实验单位效果的变量。

第三，外来变量。外来变量也称无关变量，是指除自变量以外的其他影响因变量的变量。外来变量主要分为两类：一类是由实验方式不当造成的影响，可以通过实验设计加以控制；另一类是不能控制的外来因素，其不能完全避免，但通过随机抽样的方式决定实验单位，可以在一定程度上减少其对实验结果的影响。

第四，误差。因变量除了受到自变量的影响外，还受到外来变量和测量误差的影响。通过实验设计，可以控制或消除部分外来因素的影响，但仍然可能存在部分未能识别的外来因素影响不能消除。另外，还有一些测量上的随机误差无法用统计方法消除，它们都会对因变量产生影响。由外来因素和随机误差导致的影响统称为实验误差。

四、数据的评价与选择

数据评价是对获得数据的质量进行判断和评估。对于不同种类的数据，数据评价的侧重点也有所不同。对一手数据的评价主要是对其完整性、可靠性、一致性等方面进行评估；对二手数据的评价则侧重于数据来源、数据时效以及数据与研究项目的契合程度等方面。

在研究过程中，掌握不同种类数据的特点是十分重要的。例如，一手数据能够提供量身定制的信息，但往往需要较长的时间及昂贵的成本；二手数据通常获取成本较低，可以在较短的时间内获得，但由于数据获取的初始目的不同，研究内容与自身需要可能不尽相同，需要梳理信息来提取需要的内容。因此数据研究人员应基于调查项目和不同数据特点的了解，科学选择一种或多种数据进行研究，并且在进行数据选择时应该综合考虑多方面的因素，包括所研究的问题、调查预算、技术水平及可用资源等。

第二节 市场调查资料的整理

问卷回收标志着现场调查阶段结束，调查工作开始进入资料整理阶段，这也是整个市场调查工作中较为费时且技巧性强的一项工作。这个过程要保证调查资料的真实可靠，问卷清晰有效，为下一阶段的工作创造良好的条件。

一、市场调查资料整理的意义与步骤

市场调查资料的整理也称数据整理，是运用科学的方法对调查取得的原始资料信息

（也称原始数据）进行审核、编码、录入、分组、汇总等初步加工，形成系统化和条理化的信息，以集中、简明的方式来反映调查对象总体特征的工作过程。市场调查资料的整理过程也意味着市场调查从实地调查阶段过渡到了分析阶段，其是资料研究的重要基础，也是提高调查资料使用价值的必要步骤和保存资料的客观要求。

调查资料的整理有着非常重要的意义，主要表现在以下几个方面。

（一）数据整理是资料研究的重要基础

市场调查的最终目的在于了解市场情况，为企业提供决策依据。只有对调查数据进行科学合理的分析预测，才能完成市场调查的目的。混乱的调查数据是无法进行模型处理和分析的，因此必须在统计分析之前，认真鉴别、整理调查数据，校订或淘汰不合格的数据。数据的整理是保证分析工作顺利进行的重要基础。

（二）数据整理是提高调查资料使用价值的必要步骤

运用各种方法从各个具体单位调查收集的资料往往是分散且零乱的，难免出现差错、缺失等现象。这些现象会大大降低调查数据的质量，因此必须对数据进行审核与校对，区分真假和精粗，消除其中的虚假、错误、缺失等现象，以保证数据的真实、准确和完整。从某种意义上说，数据整理实际上是对市场调查工作的一次全面检查，必要时还应组织力量进行补充调查。通过数据整理工作，调查数据的质量会大大提高。

（三）数据整理是保存资料的客观要求

一次市场调查花费了大量的时间与精力，耗费了一定的资金，因此收集到的资料一定要精心保存，为将来的使用做好准备。但未经整理的资料往往比较杂乱、不清晰，只有经过整理，真实、完整的原始调查资料才能发挥长久的研究价值。因此我们需要对数据进行整理，录入计算机以便保存与使用。

市场调查资料的整理主要依据设计阶段编制的整理方案进行，一般包括以下几个步骤。

第一，问卷审核。对于一手数据来说，审核所有被调查单位的资料是否齐全、有无差错，检查问卷是否存在问题，然后剔除无效的问卷。对二手资料的审核侧重于对来源、真实性的审核。

第二，问卷校订。问卷校订是为提高数据的准确度而进行的审查，这个阶段实际上是在筛选出的合格问卷中找出有异常值和离群值的答案，并对这些答案进行处理的过程。

第三，问卷编码。问卷编码即通过编码将问卷信息（包括调查问题和答案）转化为统一设计的计算机可识别代码。

第四，数据录入。数据录入即编码之后进行数据的录入，形成电子化数据。

第五，数据的清洗。数据的清洗即对录入之后的资料进行清洗，包括检查数据一致性，剔除和填补无效值和缺失值等。与问卷审核不同的是，录入后的数据清洗一般由计算机完成。

第六，分组与汇总。分组与汇总即对处理之后的资料进行分组与汇总，使大量的、分散的、零星的和无规律的资料变成系统的、有规律的资料。

二、问卷的回收

问卷的回收工作并不只是简单的接收问卷资料，还包括对问卷数量的记录、问卷识别码的标注等工作，是问卷审核前的准备工作。根据不同的项目需求，市场调查的范围有很大区别，一般来讲调查问卷都是分批回收的。问卷回收工作应从获得第一批资料就开始进行，一旦发现问题，还可迅速采取修正措施。

在调查问卷回收的过程中，回收人员要将问卷回收工作与资料收集工作配合进行，掌握每天完成的问卷数和接收的问卷数。在完成的问卷后面记录问卷完成的日期和接收的日期，以便在分析过程中对先接收的资料和后接收的资料进行比较。如果有多个项目同时实施，必须清楚地记录待交付实施的项目数、仍在实施的项目数、已经完成并返回的项目数。

在回收问卷时，每一份返回的问卷都要记录一个唯一的、有顺序的识别号码，作为原始文件的一部分。问卷回收中登记和编号工作十分重要，一定要予以重视。对从不同地区不同调查人员回收的问卷，应立即登记和编号，尤其对于大规模的调查，更应做好这一工作。一般情况下，负责接收问卷的人员要事先设计好登记用的表格，表格中包含调查人员的姓名和编号、调查地区和编号、调查实施的时间、交付的日期、实发问卷数、上交问卷数和问卷编号、未答或拒答问卷数、丢失问卷数、其他问卷数及合格问卷数等。

回收的问卷应分别按照不同调查人员和不同地区或单位放置，并在问卷封皮标明编号或注明调查人员和调查地区等。如果不进行这项工作，大量的问卷混在一起，容易丢失，而且不易查找。按有顺序的识别号码记录接收问卷的做法不但将编号记录在原始文件上，而且同时将其记录在资料中，如有必要进行查找时，调查人员可以更便捷地找到原始的资料。

另外，在回收过程中还要加强对回收人员的培训。让所有参与资料整理工作的人员都清楚，他们不仅担负着保证工作质量的责任，还担负着不丢失任何原始文件的责任。回收人员在回收过程中要保持认真的态度，根据不同的调查需求运用相应的回收技巧。例如，如果样本有配额的规定或子样本有具体的规定，那么应将满足规定的问卷分类放置和统计。若问卷份数没有满足抽样的要求，就要立刻采取相应的补救行动，在资料的校订之前对不足份额的样本类别再做一些补充调查。

三、问卷的审核

问卷的审核是指回收问卷质量的检查，目的是确定哪些问卷可以进行后续分析，哪些问卷要作废剔除。问卷审核工作与问卷回收工作一样，应从第一批回收完成的资料开始跟进，如若审核完成后有效问卷的数量不足，还可以及时进行补充调查。问卷审核是对资料的把关，严格的审核可以有效提高后续分析的可靠性。

（一）问卷审核的阶段

问卷审核一般包括现场审核、办公室审核和数据清洗三个阶段。

1. 现场审核

现场审核又称初步审核、实地审核，一般包括调查人员审核和督导审核。调查人员审核是在调查结束后及时审核问卷，检查其完整性、正确性、一致性、及时性。对于被调查者没有回答的问题，注明原因。一些调查人员还会在现场审核时对问卷的可靠程度进行评级。比如，A 级代表非常可信，B 级代表一般可信，C 级代表可以参考，D 级代表不可信。在后期分析这些资料时，特别是具体引用文字资料时，研究人员可酌情对资料进行处理。

现场审核应在收到问卷后立即开始，主要目的是检查数据是否有比较明显的遗漏与错误。通过现场审核可以了解和控制调查人员的调查态度与水平，及时发现并纠正他们对调查程序或具体问题的误解。

2. 办公室审核

办公室审核又称二次审核、中心审核，是对现场审核的补充。办公室审核一般在资料收集工作全部结束后立即开始。办公室审核比现场审核更全面、确切和仔细，要求审核人员更加认真和仔细。

为保证处理方法的一致性，审核工作最好由同一个人完成。如果工作量过大或花费时间太长而必须分工，也应该按照问卷结构进行分工，而不是按照问卷份数进行分工。不同审核人员采用流水作业方式，分别负责第一部分、第二部分、第三部分问题等的审核。

3. 数据清洗

数据清洗是比现场审核和办公室审核更加复杂的审核，一般是在数据录入后进行的，我们将在后面进行具体介绍。

（二）审核的基本步骤

不同阶段的审核过程是不一样的，这里我们介绍信息录入前的审核步骤，以办公室审核为例。

1. 接收审核

接收审核主要是对参加调查的被调查者进行一定比例的复查，以确定调查人员是否严格按照程序进行调查，有没有存在偷懒作弊的情况。无论是入户调查、购物场所的拦截式调查，还是电话调查，通常在所有现场调查结束后，客户单位或调查机构都要对调查问卷做一定比例的复查。复查通常采用电话回访的方式，比例一般达到调查总数的10%以上（含 10%）。

接收审核的内容主要包括：查实被调查者是否真正接受了调查；查实被调查者是否符合甄别条件，如年龄、收入等要求；查实调查是否按规定的方式进行，如是否在某商场门口参加拦截调查；查实问卷回答内容是否完整；查实被调查者是否回答了所有问题；查实其他问题，如调查人员举止是否礼貌、衣冠是否整齐、礼品是否足量送到、是否有过提示，被调查者对调查人员或调查本身有什么意见。接收审核的目的是确认调查活动按要求正确无误进行，确认用于提出建议的调查结果真实反映了被调查者的回答。

2. 编辑审核

编辑审核是对调查人员和被调查者的疏忽、遗漏、错误进行检查，是对问卷进行更为准确和精确的检查。编辑审核多由人工操作，主要内容包括以下几项。

第一，检查是否存在调查人员没有询问的问题，或者存在忘记记录某些问题答案的现象。如果这些问题及早发现，可以通过补访的方式完成。一旦进入数据录入或分析阶段，就很难组织有效的补访，这份问卷或相关问题的答案可能就会无效，不能被采用。

第二，检查调查人员是否遵循了规定的跳问路线。有些时候，特别是在项目开始的前几次访谈中，调查人员容易混淆提问顺序，跳过了实际应该问的问题，或者没有跳过不要求作答的问题。如果调查人员没有按照问卷设计的顺序进行跳问，就会影响调查的科学性，出现漏答或错答等情况。

第三，检查开放式问题的答案是否真实合理。市场研究人员及客户通常对开放式问题的答案很感兴趣，因此开放式问题的答案质量是反映记录答案的调查人员工作优劣程度的标志。编辑审核人员必须对开放式问题的答案做出判断，如判定在某一特定问题的调查中哪些回答有缺陷甚至毫无用处。如有可能，应在补访时对答案无效的问题进行再次提问。

通常编辑审核人员会将原始问卷分为三类——合格的问卷、无效问卷和有疑问的问卷，对于不同问卷分别采取不同的方法进行处理。

3. 无效问卷的剔除

在完成接收审核与编辑审核之后，审核人员要进行无效问卷的剔除工作，主要包括以下两个方面。

第一，制定剔除规则。首先要根据项目需求与问卷完成情况，制定问卷的剔除规则，也就是确定什么样的问卷是无效的，使审核人员明确问卷完整到什么程度才可以接受。例如，调查问卷至少要完成多少，哪一部分是必须全部完成的，哪些部分缺失数据是可以容忍的，等等。

通常一份不合格的调查问卷有以下特点：①问卷缺损，如个别页码丢失或页面破损；②问卷的回答不完全，即有相当多的部分没有填写；③被调查者没有理解问卷的内容而错答，或是没有按照要求填写问卷；④答案几乎没有什么变化，如在 5 点量表中均选择中性答案；⑤由不符合要求的其他人填写问卷；⑥存在由调查人员的记录不准确而造成的模糊答案，特别是开放型问题的答案；⑦前后矛盾或有明显错误，如某人年龄为 50 岁，职业为中学生。

第二，根据规则筛查问卷。对每份问卷均进行彻底的检查，检查每一页和每一部分，以确认调查人员或被调查者是否按照要求进行了访问或回答，并将答案记录在恰当的位置上。

4. 有疑问问卷的处理

在进行了无效问卷的剔除之后，还存在一些不满足剔除条件但调查效果差强人意的问卷，因此审核人员要进行核查的最后一步——处理这些有疑问的问卷。对于这类问卷，通常有以下三种处理方式。

第一，退回重新调查。这种方式是把有疑问的问卷退回去，让调查人员再次调查原来的被调查者。这种处理方法主要适用于对规模较小、被调查者很容易找到的商业或工业市场调查。但调查的时间不同和方式不同，如第一次是面访调查，第二次调查只是采用电话调查的方式，可能会影响二次调查的数据质量。

第二，视为缺失数据。这种方式一般是在无法退回问卷时，把问卷中的部分回答作为缺失值来处理。这主要适用于有疑问的问卷数较少、所占比例很小，或回答结果含糊不清的变量不是关键变量的情况。

第三，放弃问卷。在前两种方式均不可行时，我们可以将问卷放弃。这种方法主要适用于以下几种情况：①有疑问的问卷比例很小（低于 10%）；②样本量很大；③存在回答结果令调查者不满意的被调查者与回答结果令调查者满意的被调查者在人口特征、关键变量等方面的分布没有显著差异；④准备放弃的问卷中回答结果令调查者不满意的比例较大；⑤对关键变量的回答是缺失的。

一般情况下，不能简单随意地放弃问卷。如果审核人员决定放弃一些问卷，则应当在报告中说明放弃问卷的数量及判别标准。

（三）问卷审核的基本原则

1. 完整性

完整性原则要求审核被调查者是否都已完成调查，查看问卷或调查表内的各项目是否填写完整。如果发现没有答案的问题，则应立即询问，确定是被调查者不能回答或不愿回答，还是由调查人员的疏忽所致。如果问卷中出现缺失值的比例过高，就会影响调查资料的完整性，应采取适当措施处理并加以说明。

2. 正确性

正确性原则主要是指调查资料的口径、计算方法、计量单位等符合要求。剔除不可靠的资料，使资料更加准确。正确性审核主要从计算方面入手，查看各数字在计算方法和计算结果上有无错误等。例如，问卷中要求被调查者填写每月购物的次数，被调查者填写的却是每周购物的次数。

3. 真实性

真实性原则主要是指从生活经验与思维等方面，根据调查项目指标之间的内在联系来判断资料是否符合实际情况，检查问卷是否有明显的虚假或不合情理的地方，如问卷中所有答案完全相同等情况。

4. 一致性

一致性原则主要是审核被调查者的回答是否前后一致，有无逻辑错误。调查人员在审核调查问卷时，可能发现某一被调查者的回答前后不一致。例如，某被调查者说自己的工作是务农，后面又说自己主要收入为做生意；或者调查过程中几乎所有的退耕还林补助均为 500 元/亩，但一份问卷中却出现了 2000 元/亩，这就需要调查人员深入调查，探询原因。

5. 及时性

及时性主要是看各被调查单位是否按规定日期填写和送出调查问卷，填写的资料是否是最新资料。

四、编码与录入

编码与录入可以将调查的结果转换成有序存储的数据，以便使用数据分析软件进行统计分析，从而获取有效信息。

（一）调查资料的编码

编码是把原始资料转化为数字（或）符号资料的转化过程。每个问题中的每种可能回答均可以用一个相应的数字来表示。对市场调查中的编码过程分为两个阶段，第一阶段是在设计调查问卷时进行编码，称为事前编码；第二阶段是问卷审核后进行编码，称为事后编码。本节将主要介绍事后编码。

1. 编码的作用

问卷编码工作对后续分析工作意义重大，其作用主要表现在以下方面：第一，减少数据录入和分析的工作量，节省费用和时间，提高工作效率。编码把文字等复杂信息转化为数字这种简单信息，大大减少了数据录入的工作量，提高了数据处理的效率。第二，编码是实现计算机处理的桥梁。通过编码，将定性问题转化为定量数据，将整个问卷的信息转化为规范标准的数据库，进而利用统计软件采用合适的统计分析方法进行定量分析。第三，减少误差。通过编码对信息进行量化操作，量化的数据简单方便，不易丢失重要信息。同时，在编码过程中，利用编码可以修正回答误差，替代缺失值，有助于减少调查误差。

2. 编码设计

编码设计的具体内容包括问卷的代码、变量的名称、类型、所占字节、对应问题、取值的定义、范围等。将这些内容列成表格形式，即编码表。编码的设计与问卷设计密切相关，其部分内容可以归入问卷设计中，问卷设计时要考虑编码的内容和位置。

在实际调查工作中，有些调查项目在资料收集工作结束之前无法确定具体的答案，有些问题的答案无法预料或难以完全罗列，但是我们仍希望对资料进行定量分析。这种情况下，一般要采用事后设计编码的方法，在数据收集完成后再进行编码设计。通常有以下几种情况需要进行事后编码。

第一，半封闭问题的“其他”项。半封闭问题可能有几个可供选择的答案，再加上需要被调查者具体说明的“其他”类别。由于事先不知道“其他”这样的选项有多少种可能答案，因此在数据录入前编码人员要对其进行事后编码。

第二，开放式问题。对于开放式问题，事后编码的工作量更大。这是因为研究人员一般无法事先告诉编码人员会出现多少新的代码和答案；还有一些答案是类似的，必须决定是将它们合并为一类还是分成几类。

第三，无结构问卷。对于无结构问卷，首先看有无必要进行编码。如果仅为定性归纳研究，不准备进行定量分析，也就不需要进行编码；如果希望定量分析各变量的分布与变量间的关系，则需要进行编码，将问卷内容和结果进行结构化和量化处理。

调查资料的编码是大多数较为复杂的市场调查中一项必要的程序。通过对数据进行编码，我们可以清晰地理解计算机中储存资料的含义。以我们常用的 SPSS 统计软件为例，编码表其实就是“变量视图”中所要设置的内容。将编码表的主要内容填写在各个变量的属性中，统计结果就可以直接显示出来。在完成了这部分的工作之后，所有的问卷已经成为编辑完好、核对无误、编码清楚的有效信息载体，接下来就可以将问卷转交给数据录入人员进行录入工作。

（二）调查资料的录入

调查资料录入情况大致可以分为两种：一种是计算机自动完成，如计算机辅助电话调查、计算机辅助面访及网络调查等，数据收集与录入可以同时进行，计算机自动完成，无须再进行数据的人工录入；另一种是人工录入，如面访调查、邮寄调查及传真调查等，需要人工进行数据录入。数据的录入除键盘录入以外，还可以采用扫描、光标阅读器等方式，但目前应用最多的仍是键盘录入。

目前使用较多的人工录入数据的软件主要有Excel、SPSS、Access等，对于数据量庞大的大型调查，一般采用以SQL Server、Oracle等大型数据库为后台的、专门设计的软件。数据录入软件不仅可以存储数据，而且通过事先数据属性和数据间关系的设计，在录入过程中可以对录入的数据进行有效性验证和逻辑性检查，避免数据录入过程中出现录入无效数据等错误。同时对于市场调查问卷中经常出现的条件跳转回答问题的录入也能进行很好的控制，从而尽可能减少录入错误。

在录入数据的过程中，对于样本量较小、问卷长度较短的情况，主要采用直接录入的方法；对于样本量较大、问卷长度较大的情况，通常采用程序录入。程序录入是指录入人员按照事先编写好的录入程序实施数据录入的方法。在录入程序里，对每个题目答案的变量性质（字符串型、数字型、日期型、逻辑型等）、编码长度、编码范围、该变量与前面变量的逻辑关系及跳答题项的条件均有定义，录入时依照定义进行逻辑检查。不符合定义要求就无法被录入，错误信息一旦录入计算机将发出错误警告，并在屏幕上给出对应的提示信息。除非录入人员更正录入，否则无法继续下一个变量的录入。程序录入不仅可以提高录入速度，还可以提高录入质量，因此在大型市场调查中普及度很高。

五、数据清洗

数据清洗是对数据进行重新审查和校验的过程，目的在于删除重复信息、纠正存在的错误，保持数据一致性。由于所有问卷中的数据已经录入，因此数据清洗工作主要由计算机完成。数据清洗是发现并纠正数据文件中可识别的错误的最后一道程序，主要包括检查数据一致性，处理无效值和缺失值。

（一）一致性检验

一致性检验是根据每个变量的合理取值范围和相互关系，检查数据是否合乎要求，发现超出正常范围、逻辑上不合理或者相互矛盾的数据。例如，用1～7点量表测量的变量出现了0值，体重出现了负数，都应视为超出正常值域范围。SPSS、SAS和Excel等计算机软件都能够根据定义的取值范围自动识别每个超出范围的变量值。具有逻辑上不一致的答案可能以多种形式出现，如被调查者说自己开车上班，又报告没有汽车；被调查者报告自己是某品牌的重复购买者和使用者，但同时其又在熟悉程度量表上给了很低的分值。发现逻辑不一致问题时，要列出问卷序号、记录序号、变量名称、错误类别等，便于进一步核对和纠正。

（二）无效值的处理

这里的无效值主要是指重复的记录。对于重复记录的检测及消除，主要是对其进行合并或消除，可以通过相应统计软件进行处理。例如，数据库中属性值相同的记录被认为是重复记录，通过判断记录间的属性值是否相等来检测记录是否相等，相等的记录可以合并为一条记录。

（三）缺失值的处理

缺失值是指由被调查者没有给出明确的答案或调查人员没有记录答案而造成的未知变量值。缺失值可以分为合理缺失与不合理缺失。其中，合理缺失不会给统计分析带来影响，如应该跳答的问题；不合理的缺失是指会影响分析结果的缺失，这种缺失是需要我们格外注意的。

在实际调查研究过程中，少量的缺失回答是可以容忍的。但是如果缺失值的比例超过 10%，就可能出现严重的问题；如果缺失数据比例较大，或缺失数据的分布与总体分布有明显差异时，分析就可能出现偏差。对于不合理缺失，在数据清洗过程中主要有以下几种处理方式。

1. 均值填充法

均值填充法是指使用变量的平均值替代缺失值的方法，这也是缺失值处理中最典型的做法。这样由于该变量的平均值保持不变，那么其他的统计量（如标准差和相关系数等）也不会受很大的影响。例如，被调查者没有回答其收入，那么就用整个样本的平均收入，或用该被调查者所在的子样本（如所属社会阶层）的平均收入去代替。

2. 统计模型填充法

统计模型填充法是指利用统计模型计算得到的比较合理的值来代替缺失值，如利用回归模型、判别分析模型等计算出相应的变量值。例如，“一年中的旅行次数”可能与“工作性质”、“收入”及“年龄”有关系，利用对这四个问题进行过回答的被调查者的数据，可以构造出一个回归方程。对于没有回答“一年中的旅行次数”的被调查者，只要其“工作性质”、“收入”及“年龄”是知道的，就可以通过拟合出的回归方程计算出其“一年中的旅行次数”。考虑到不同人员的差异性与缺失变量和其他变量之间的相关性，与均值填充法相比，统计模型填充法替代可能更准确些。

3. 机器学习填充法

在机器学习方面，填充方式有决策树归纳法、人工神经网络法、删除法、k 近邻法和动态路径生成法等。其中 k 近邻法应用较为广泛，填充效果也较好。机器学习填充法是近年发展起来的一种方法，尤其适合规模较大的数据，但在具体操作时需要研究人员具有一定的计算机编程基础。

4. 删除元组法

删除元组法也就是将存在缺失信息属性值的记录删除，从而得到一个完备的信息表。这种方法简单易行，在被删除的含缺失值的记录与信息表中的数据量相比非常小的情况下是非常有效的。但是删除元组法以减少历史数据来换取信息的完备，会造成资源的大量浪费，以及丢弃大量隐藏在这些对象中的信息。在信息表中本来包含的记录就很少的情况下，删除少量记录就足以严重影响到信息表中信息的客观性和结果的正确性。

不同的缺失值处理方法可能产生不同的结果，在实践过程中要根据不同的需求选择合适的处理方式。

六、数据的其他处理

在正式开始数据分析之前，我们还可以进行一些准备工作，以便评估和提升数据质量，主要包含数据加权、变量及量表的转换等。

（一）加权处理

基于调查的样本结果对总体样本进行估计的过程中，每个样本单元在代表自己的同时，也代表了总体中其他没有选入的样本单元。通过抽样推断，将调查的原始结果合理放大，可以得到估计的总体参数。一个样本单元所代表的总体单元的数量称为这个样本单元的设计权数。确定权数是估计过程中十分重要的一步。

1. 设计权数

设计权数是抽样设计所规定的每个样本单元所代表研究总体的单元数，也就是样本单元入样概率的倒数。在概率抽样中，每个样本单元的入样概率都是可以计算的，等概率抽样即每个单元入样概率都相等的抽样方法。在多阶段抽样条件下，设计权数由每个单元在不同阶段的入样概率相乘而得到。

设计权数只是确定权数的开始，如在调查过程中遇到了意外情况，与设计权重的情形发生冲突，则需要对设计权重进行相应的调整，以更好地达到估计的目的。

2. 权数的结构调整

由于抽样的随机性，样本与总体往往存在结构上的差异。例如，若采用电话调查，往往只能在调查后得知被调查者的性别和年龄结果，从而导致样本单位在年龄和性别上的分布与总体不同。为了获得无偏估计量，提高估计的精度，故而需要进行结构性调整。

进行调整的变量通常是与目标变量高度相关的变量。为了更多地从辅助变量中提取信息，我们一般对多个变量同时进行调整，以保证样本结构和总体结构保持相似。

3. 权数的无回答调整

当在调查过程中遇到无回答情况时，若不对原有的设计权数进行调整，那么无回答单位的权数就会丧失，总体的规模就会被低估，从而导致估计总值时出现严重偏差。调整的方案是把无回答单元的设计权数在回答单元之间进行重新分配，无回答调整系数就是分配比例。

如果是大规模调查，对无回答调整系数应该分别计算，如按层计算或按群计算。这里的假定是，群内各单元具有更高的相似性，使用与无回答更相似的回答单元代替无回答，效果可能更佳。

4. 最终权数

最终权数是对目标量进行估计所使用的权数，其为设计权数、结构调整系数和无回答调整系数的结合体。

最终权数=设计权数×结构调整系数×无回答调整系数

（二）变量变换

在数据分析之前，根据研究目标和对数据的需求可以对现有的变量进行一定的转换或通过产生新变量的方式进行变量变换。常见的变量变换方式主要有以下几种。

1. 变量重新定义

某些分析方法对变量的数学特性有一定要求，因此应该改变数据的测量水平，把定距、定比变量转换为定序、定类变量。例如，在交叉列联分析中变量需由连续型分组转化为离散型分组。

2. 变量转换

在使用有些统计方法时，由于需要消除尺度不同的影响，则要对变量进行标准化，如聚类分析、因子分析等；有些统计方法为了改进模型的拟合程度，要对变量进行对数变换、平方根变换等，如回归分析等。

3. 将定类变量转换为 0-1 变量

为了便于分析，有时应该将定类变量转换为 0-1 变量。通过这种转换，变量更容易进行相应的定量分析。

4. 重新组合新变量

为了某些特定的统计分析，需要把几个变量重新组合为一个新变量，并重新对其进行定义。组合方式可以使用主成分分析、加权平均等方式。

（三）量表的转换

为了便于进行数据分析、保证数据的可比性，有时还要进行量表的变换。量表可能会分别从正、反两个方向设计问题，因此分析时应注意统一方向，如全部正向提问或全部反向提问，从而使数据便于比较。此外，为了使不同量表的变量在分析中仍然具有可比性，可以采用标准化的方式进行处理，防止不同量表间分数差异过大或量纲不同。

第三节　数据分析的流程与方法

数据分析是指运用统计分析方法对市场调查中所获得的调查数据进行科学的处理和加工，从中提炼出各种有价值信息的工作。不同性质的调查数据适用于不同的分析方法，在实际应用当中我们要科学选择最为恰当的方法进行分析。

一、数据分析的流程

数据分析是指运用适当的统计分析方法，对收集来的数据资料进行汇总统计并得到一定的结果。调查数据的分析是展示调查结果的重要步骤，其通常分为三个阶段。

（一）拟订数据分析方案

数据分析是一项系统的工作，为了保证系统性和整体性，需要拟订数据分析方案来统一协调运作。分析方案是指导数据分析过程的纲领性文件，主要包括数据分析的目标、采用的指标或参数、选择的分析方法、方法使用中的主要变量及参数、使用的软件、各部分需要使用的数据、各部分完成的时间及人员分工等。

（二）进行数据分析

数据分析方案拟订后即可根据方案分发数据资料，开展数据分析工作。数据分析过程中应加强各部分工作之间的沟通和协调，注意审查每一个分析步骤数据使用的正确性、软件使用的正确性和中间结果的正确性。

（三）解释和验证分析结果

数据分析初步完成后，要对初步分析得到的结果进行解释和验证。解释分析结果应依据相关理论对分析的结果进行解读，说明所要研究的现象；验证分析结果应说明当某一参数改变后其结果也应发生相应的可解释的变化。解释和验证的目的是系统检验数据分析各部分之间的协调性和整个分析过程的正确性。

二、描述性分析方法

描述性分析主要是对调查总体所有变量的有关数据进行统计性描述，主要包括频率分析、集中趋势分析、变量的离散趋势分析及其他描述性分析。

（一）频率分析

频率分析也称频数分析、次数分析，是指对某个变量分组后各组变量值出现的次数及其占样本总数的百分比的分析。根据待分析变量的个数，频率分析可以分为单变量频数分析和多变量频数分析。根据待分析变量的性质，频率分析可以分为定量变量的频数分析和定类变量的频数分析。

（二）集中趋势分析

数据的集中趋势是指一组数据向某一中心值靠拢的倾向。测定数据集中趋势的常用统计量有平均数、众数和中位数等。

第一，平均数也称均值，其为最常使用的集中趋势度量指标。

第二，众数，是指一组数据中频数出现最多的变量值。

第三，中位数，是指所有的记录按照某个变量的取值排序后，居于中间位置的变量值。

与中位数和众数相比，平均数的计算需要用到所有的数据，所含的信息量最大，也最为常用。但平均数易受极端值的影响，与中位数相比，它不够稳定。因此在变量值分布对中心的偏离程度不大的情况下，用平均数代表分布的中心比较合适；在有极端值或分布很偏时，使用中位数更为合适。

（三）变量的离散趋势分析

变量的离散趋势分析也称离中趋势分析，离散趋势反映了各数据远离其中心值的程度。在市场调查中，除了使用集中趋势反映现象的一般水平外，也要对离散趋势进行概括，以反映数据之间的差异程度，从而更加全面深刻地认识现象的本质特征。测定数据离散趋势的常用统计量有极差、平均差、方差、标准差、离散系数等。

第一，极差，即一组数据中最大值与最小值之差，也是最简单的测度数值型变量离散趋势的指标。

第二，平均差，即一组样本观测值与样本平均数之差的绝对值的算术平均数。

第三，方差，即样本观测值与其平均数离差平方和的算术平均数。

第四，标准差，即方差的平方根。

第五，离散系数，即标准差与平均值之比。由于离散系数消除了本身水平和计量单位这两方面的影响，因此其可以用于不同数据组的比较。

一般来说，度量不同性质变量离散趋势的统计量是不同的。例如，对同一数据组的定量变量可以采用极差、平均差、标准差和方差等进行反映，对不同数据组的定量变量则采用离散系数来进行反映。

（四）其他描述性分析

常用描述性分析还有偏度分析和峰度分析。

第一，偏度是测度数据分布相对于正态分布的偏斜方向及程度的统计指标。正态分布的两侧尾部长度对称偏度为0。当偏度小于0时，数据分布呈现左偏状态，此时数据位于均值左边的部分少于位于右边的部分；当偏度大于 0 时，数据分布呈现右偏态，此时数据位于均值右边的部分少于位于左边的部分，而偏度接近 0 则可认为分布是对称的。

第二，峰度表示的是数据分布与正态曲线相比的尖峭程度或扁平程度。峰度是通过与正态分布相比较而发挥作用的，峰度为0表示该总体数据分布与正态分布的陡缓程度相同；峰度大于0表示该总体数据分布与正态分布相比，较为陡峭，为尖顶峰；峰度小于0表示该总体数据分布与正态分布相比，较为平坦，为平顶峰。峰度的绝对值数值越大表示分布形态的陡缓程度与正态分布的差异程度越大。

三、推断分析方法

推断分析方法是通过样本的统计值来估计总体参数值的方法，主要包括抽样分布、参数估计与假设检验三个方面。

（一）抽样分布

抽样分布也称统计量分布、随机变量函数分布，描述样本估计量的分布。样本估计量是样本的一个函数，在统计学中称作统计量，因此抽样分布也是指统计量的分布。

（二）参数估计

参数估计是在总体分布已知的情况下，用样本统计量估计总体参数的方法。根据估计形式的不同，参数估计可以划分为点估计和区间估计两种。

1. 点估计

点估计是指从总体中随机抽取一组样本，计算样本统计量并将其作为总体参数的估计值。一般来说，样本量越大，抽样方法越严谨，点估计方法越可信。但由于点估计不考虑抽样误差，因此其无法说明估计的差异程度有多大。

2. 区间估计

区间估计是以区间的形式给出包括总体参数真值的范围及该区间包括总体参数真值的概率。区间估计并不给出总体参数的具体数值，但表明了总体参数落入某一区间的概率，这一概率通常称为置信度。区间的大小称为置信区间，其一般取决于样本均值、显著性水平和抽样平均误差。这一估计结果可能犯错误的概率称为显著性水平。

（三）假设检验

假设检验是在对总体参数有一个假定的前提下，通过样本特征的统计分析来判断这个假设是否成立的统计分析方法。假设检验的基本思想是“小概率事件”原理，推断方法是带有概率性质的反证法。假设检验分为参数假设检验和非参数假设检验。如果总体的分布形式已知，仅需对总体的未知参数进行假设检验，则称此假设检验为参数假设检验；如果总体分布形式未知，或者解决的问题不符合参数假设检验条件，则通常采用非参数假设检验。

总的来说，描述性分析通常是市场调查数据分析的第一个步骤，对调查所得的大量数据资料进行初步的整理和归纳，以找出这些资料的内在规律（集中趋势和分散趋势）；推断分析通常是在描述性分析上的进一步深入挖掘，利用样本数据来推断出总体的特征。描述性分析与推断分析并不是对立的，而是相互补充的，在实际分析过程中经常同时使用。

四、数据分析方法的选择

数据分析是一项技术性非常强的工作，不同调查项目的数据所涉及的分析内容也大不相同，因此分析方法的选择就显得格外重要。在选择数据分析方法时，我们一般遵循以下五个标准。

1. 根据调查方式选择数据分析方法

市场调查活动有全面调查和非全面调查之分。非全面调查以抽样调查为主，抽样调查包括概率抽样和非概率抽样两种方式，最常用的分析方法是推断分析方法；对全面调查数据，可以使用描述性分析方法认识现象总体的本质和规律。

2. 根据变量数目选择数据分析方法

由于调查研究的项目不同，数据分析可能涉及单变量、双变量甚至多变量。变量数目不同，使用的分析方法也是不同的。例如，若调查数据涉及单变量，则不需要处理原因或关系；若分析涉及两个及以上变量，就要进行变量间关系的考察。

3. 根据研究目的选择数据分析方法

调查数据的每一种分析都有一定的目的，应根据不同的研究目的来选择不同的分析方法。例如，分析某一研究对象的水平和分布特征时，可选择简单频数分析、交叉频数分析；分析研究对象间的相互关系时，可选择对比分析、方差分析；分析研究对象的动态变化特征时，可选择动态相对数分析、移动平均分析、回归分析等。

4. 根据数据类型选择数据分析方法

根据计量尺度的不同，调查数据可分为定类数据、定序数据、定距数据和定比数据四种类型。其中，定类数据和定序数据属于定性数据，定距数据和定比数据属于定量数据。对于定类数据，通常计算各组的频数和频率，进行列联表分析等；对于定序数据，可以计算中位数和四分位差，进行等级相关系数等非参数统计分析。

5. 根据问卷题型选择数据分析方法

市场调查中获取的数据资料大多来源于调查问卷，问卷中的题型包括单选题、多选题、量表题、数值型填空题、关联选择题、交叉配对题等，适合不同题型的分析方法也是不同的。例如，单选题一般可采用单变量频数分析、r 检验等；多选题可采用频数分析、交叉频数分析、联合概率分布分析、因子分析及聚类分析等；量表题的适用范围很广，几乎可采用所有常用的统计分析方法。

市场预测

学习要求：

1. 学习市场预测的内容和分类
2. 了解各种市场预测方法
3. 掌握市场预测报告的内容和特点

市场预测作为市场调查的延伸，在已有数据资源的基础之上进行分析，预测未来走势，是企业进行发展规划的重要依据。本章主要介绍市场预测的内容及种类，讲解市场预测的步骤和方法，分析市场预测误差的形成和改进，对市场预测报告的书写规范进行讲解。

第一节　市场预测概述

市场调查的目的是找出市场发展变化的规律，从而为用户提供决策依据；而市场预测是根据获得的资料为用户预测未来一段时间的发展趋势，帮助企业做出科学合理的决策。

一、市场预测的内容及作用

市场预测是指企业在市场调查获得一定资料的基础上，针对企业的实际需要及相关的现实环境因素，运用已有的知识、经验和科学方法，对企业和市场未来发展变化的趋势做出适当的分析与判断，为企业营销活动等提供可靠依据的一种活动。

（一）市场预测的内容

市场预测的内容非常广泛，主要包括市场环境预测、市场需求预测、市场供给预测等。

1. 市场环境预测

市场环境预测是在市场环境调研的基础上，运用因果性原理，采用定性与定量分析相结合的方法，预测国内外的社会、经济、政治、法律、政策、文化、人口、科技、自然等环境因素变化对特定市场或企业的生产经营活动产生的影响，并寻找适应市场环境的对策。

2. 市场需求预测

市场需求预测是指通过对消费者购买心理和消费习惯的分析以及对国民收入水平、

收入分配政策的研究，推断出社会市场的总体消费水平。市场需求预测在市场需求调研的基础上，对特定区域和特定时期内的某类市场或全部市场的需求走向、需求潜力、需求规模、需求水平、需求结构、需求变动等因素进行分析预测。市场需求在一定程度上影响着市场规模，对企业的投资决策、资源配置和战略研发具有直接的重要影响。因此，市场需求预测是市场预测的重点。市场需求预测既包括对现有市场需求潜力的测定，也包括对未来市场需求潜力的估计。

3. 市场供给预测

市场供给预测是指对一定时期内和一定范围内的市场供应量、供应结构、供应变动因素等进行分析和预测。市场供给的大小能够反映市场供应能力，其为决定市场供求状态的重要变量。市场供给预测也是市场预测的重要内容。一般来说，在市场供给调查的基础上，运用合适的预测方法对商品的生产量、国外进口和其他供应量等决定供应总量的变量进行因素分析、趋势分析和相关分析，在此基础上再对市场供应量和供应结构的变化前景做出预测推断。

（二）市场预测的作用

市场预测为企业经营决策提供可靠的依据，提高管理的科学水平，减少决策的盲目性。通过市场预测来把握经济发展或未来市场变化的动态，降低决策可能遇到的风险，使决策目标得以顺利实现。市场预测的意义主要表现在以下三个方面。

第一，市场预测有利于更好地满足消费需要。与社会主要矛盾相联系，我们通常会把不断满足人民日益增长的物质文化需要作为社会主义的生产目的[①]，随着人们的物质、文化消费需要变化迅速，过去的卖方市场已经转变为买方市场。只有通过预测及时掌握市场需求变化趋势和可能达到的需求水平，企业才能根据企业的经营条件，选择和确定企业目标市场，在市场变化中避免盲目经营，不断地满足市场现实需求和潜在需求。

第二，市场预测有利于企业利用市场调节合理配置资源。市场调节是市场经济条件下资源配置的一种形式，能按市场价格波动调节来调节商品的生产和流通，使企业自动实现商品产需衔接，自发地形成社会资源配置的流向。市场预测能向企业决策者提供市场价格波动，及时反映市场供求行情变化趋势，以便企业适应社会各种商品需求量的变化，指导企业选择和调整生产经营方向，选择新产品开发策略，采取适当的经营策略来合理组织人、财、物的比例和流向，减少资源在使用中的浪费，促进企业充分利用资源以取得最大效益。

第三，有利于提高企业的竞争能力。现代竞争观念与传统竞争观念存在很大的差异。传统竞争观念认为一个企业是否具有很强的竞争能力，关键看企业的技术资源和人才能力；而现代竞争观念认为决定企业竞争能力的因素还有企业信息情报的占有比例和质量，在激烈的市场竞争中，谁先占有情报谁就能掌握主动权。如果一个企业技术先进，人才济济，但不能及时发现市场变动规律、开展市场预测并对情报进行全面、综合的利用，就会因缺乏预见能力和判断能力，致使企业的有利因素得不到充分发挥。相反，如果条件差的企业能及时准确地掌握市场动向，采取有效对策，在竞争中也会由弱变强。

---

①《着眼于人民需要的增长与变化》，http://theory.people.com.cn/n1/2017/1206/c40531-29688979.html[2020-03-24]。

二、市场预测的原理与要求

市场预测不是凭空臆想，而是运用科学的方法，充分考虑和分析影响市场变动的诸多因素，认识和把握市场运行客观规律的一种预见与测算。

（一）市场预测的原理

为了向企业提供可靠的决策依据，应了解市场预测的原理，保证其预测的科学性。市场预测的原理主要包含以下几方面。

1. 可知性原理

预测活动是对事物的未来运动、变化和发展状况做出预见和判断，以唯物辩证法为理论基础。人们对客观事物规律性的认识不可能一次完成，需要通过实践、认识、再实践、再认识无限反复，不断发现和认识真理，揭示客观事物发展变化的规律。预测工作不能主观上随意地“想当然”，更不能弄虚作假。预测所采用资料必须经过去粗取精、去伪存真的筛选过程，才能反映预测对象的客观规律。预测模型也应精心挑选，必要时还需先进行试验，找出最能代表事物本质的模型，以减少预测误差。

2. 相关性原理

客观世界是普遍联系的，不同因素之间相互联系、相互依存、相互制约，因而使得人们能够根据某一事物或某些事物的变化，推测出另一事物所产生的相应变化。相关性原理应用广泛。事物一般存在正相关、负相关和不相关三种情况，其中正相关是指两个事物的变化是同方向的，负相关是两个事物的变化方向是相反的，不相关是指两个事物的变化之间没有规律，一个事物的变化对另一事物没有明显影响。相关分析预测法就是根据相关性原则建立起来的一系列预测方法。

3. 因果性原理

在自然界及人类社会活动中，任何事物的发展结果都是由一定原因引起的，而这个结果又是导致另一事物出现的原因，如此循环往复，整个自然界和人类社会活动处于一种广泛的因果联系中。只有认识了事物之间的因果关系，才可以进行相应的预计和推测。结构分析法和回归分析就是根据因果性原理建立起来的预测方法。

4. 连续性原理

任何事物发展的各个阶段都具有一定的连续性。一切社会现象和经济现象都有它的过去、现在和未来，在一定条件下事物的今天是昨天的延续，明天是今天的继续。这种连续性表明事物发展是按照它本身固有的规律进行的，因此可以依据其过去和现在的状况进行延伸，以推测事物未来的发展趋势。时间序列预测法就是根据连续性原则建立起来的一系列预测方法。

需要注意的是，依照连续性原则预测事物的未来，必须建立在充分了解它的过去和现在的基础上。在运用连续性原理进行预测时，要注意分析预测目标的历史演变规律发生作用的客观条件，核查这些条件在预测期是否发生了变化。如果规律发生的客观条件发生了变化，那么原来的规律也将随之发生变化，事物就可能不再按照原来的趋势连续发展。

5. 类推性原理

客观事物虽然纷繁复杂、千差万别，但只要发展程度和内外条件相似，其未来的发展也就相似。以此类推，在经济活动中，当人们掌握了某一类经济事件的发展变化规律后，当观察到有某种类似的征兆时，就可以根据以往经验推断其发展变化规律，借以预测未来。市场景气预测法、产品生命周期预测法就是根据这一原则建立起来的一系列预测方法。

在市场预测中运用类推性原则时，首先要弄清用来类比的事物之间是否存在某些相似之处。一般来说，越是相似的事物，类推预测的效果越好；反之，如果事物之间没有或有很少相似之处，就无法用类推性原理进行预测。

（二）市场预测的要求

当前市场竞争十分激烈，市场预测结果的准确与否显得格外重要，因此我们在进行市场预测时必须要满足其预测要求，主要包含以下几个方面。

1. 客观性

客观性又称真实性，要求在进行市场预测时，从实际出发，实事求是。既防止以盲目乐观、浮夸的情绪来观察和分析市场趋势，也要避免以过于悲观、保守的情绪来观察和分析市场的发展与变化。按照经济发展的客观规律，分析市场的变化和发展趋势，依据国家的方针政策来指导市场预测。

2. 完整性

完整性也称全面性，要求预测资料必须全面、可靠。完整性不仅指数据资料的完整，还要求其他相关信息的完整。预测人员不仅要熟悉数据，还要全面地掌握市场信息、公司信息等。预测人员一方面要重视数据和有关资料，认真收集整理和分析，完善数据系统；另一方面要掌握全面的预测信息，使预测建立在充分的信息基础之上。

3. 专业性

影响市场活动的因素复杂多样，除经济活动本身外，还有政治、社会、科学技术等各方面因素。预测人员是否专业对预测结果的准确性起到十分重要的作用。专业性要求预测人员具有广博的知识、专业素养和一定的市场调研及预测经验，能从各个角度归纳和概括市场的变化，避免出现以偏概全的现象。此外，专业性还包括预测人员自身良好的职业道德和敬业精神，保证预测结果的科学可信。

4. 可控性

可控性是指所预测事物的未来发展趋势和过程在一定程度上是可以控制的。可控性要求市场预测人员在确定影响预测目标的各种因素时，应尽可能地利用可控制的因素，充分利用不确定性较小的经济变量来推测判断所要预测的市场变量。尤其在运用以随机现象为研究对象的数理统计原理与方法进行预测时，应当与可控因素的分析紧密结合。

5. 经济性

经济性要求在保证预测工作所需精确度的前提下，合理选择样本容量，选择恰当的预测模型和方法，以最低的费用和最短的耗时获取最实用的预测结果。市场预测工作是企业经营管理的重要内容，而企业以营利为目标，企业的经营管理工作所依据的一个重要原则就是经济性原则，因此市场预测也不例外，预测的每一步都要考虑经济因素。

三、市场预测流程

市场预测是一项严谨而复杂的工作，其主要包含以下几个流程。

1. 明确预测目标

任何工作都要先有一个确切的目标，预测工作的第一步便是明确预测目标。明确预测目标包括两个方面：一是了解预测要解决的问题，确定预测需求；二是了解预测期限，确定预测工作什么时候开始，什么时候结束。对于预测目标的确定要清晰具体，确定对哪些事情的哪些方面进行预测，目标预测时长为几年，需要得到什么形式的预测结果等。

2. 收集预测信息与资料

市场预测的资料是预测的基础。预测过程能否顺利完成、预测结果是否准确在很大程度上取决于市场预测信息和资料的质量。因此在正式开始分析工作之前，预测人员要根据预测目标的要求，尽可能地收集充分且全面可靠的市场信息和资料。在收集信息与资料时，不仅要收集现状资料，也要收集历史资料。

3. 选择预测方法

在完成资料的收集工作后，综合考虑预测目标、已有资料、各种预测方法的适用条件和性能等因素，选择最为合适的预测方法。各种市场现象及其影响因素所反映出的变动规律都不尽相同。在市场预测中，只有对市场预测的资料进行周密分析，选择正确的预测方法，建立合适的预测模型，才能对市场现象的未来表现做出可靠的预测。在选择预测方法的过程中，我们要重点考虑以下四个方面：预测的目标、预测结果精确度的要求、预测费用、预测人员的水平和计算机运用情况。

4. 模型计算与检验

在确定预测方法之后，就要按照选取的方法建立预测模型，并进行相应运算。建立的模型不同，计算的复杂程度也会有所不同。但值得欣慰的是，随着计算机技术的不断发展，现今对于大多数模型的计算和分析都能通过计算机软件完成。在计算完成之后，我们要对模型和计算结果进行检验，然后依据检验结果对模型进行修改。这一阶段的工作并不是一次性完成的，我们可能需要通过多次的检验与修改，直至得到一份最佳的预测模型和计算结果。

5. 结论分析与评价

模型计算得到的结果往往是以数字形式呈现出来的，为了以更直观的方式展示预测成果，我们需要将其转化成易懂的文字结论。这里并不是说结论不能以数字形式呈现，而是说我们需要对上面的结果进行解释与分析。同时对此次预测的结果进行客观和专业的评价，如有可以继续研究与改进的地方也要及时提出。

6. 撰写预测报告

市场预测报告实际上是调查报告的一种特殊形式，但并不完全等同于调查报告。在市场调查的基础上，结合现有材料和数据，用科学的统计方法估计和预测未来市场的趋势，利用预测结果为有关部门和企业提供信息，改善经营管理环境，实现需求和供给的动态平衡，提高生产效率和经济效益。

第二节 市场预测分类

根据调查需要，市场预测有按时间划分、按空间划分和按预测性质划分三种分类方式。

一、按时间划分

市场预测按时间跨度可以分为短期预测、中期预测和长期预测。

（一）短期预测

短期预测是指对一年以下的市场发展变化进行的预测，其为规划近期市场活动具体任务的依据。短期预测可以使企业及时了解市场动态，掌握市场行情变化的有利时机，提高经营决策水平。与中期预测和长期预测相比，短期预测要求预测得到更加具体且明确的数据和结果。短期预测包含月度预测、逐周或逐月预测，根据历史资料和市场变化，以月度或季度为时间单位，测算出月度、季度或年度的市场需求量，为企业制订月度计划、季度计划和年度计划提供依据，从而使企业合理利用市场提供信息，科学组织货源。短期预测一般目标明确、不确定因素少、资料齐全，预测结果较为准确。

（二）中期预测

中期预测是指对一年以上五年以下的市场发展变化进行的预测，一般以年度为时间单位。中期预测要经过深入的调查分析，对经济、政治、社会、技术等影响市场长期发展的因素做出未来发展趋势的预测。中期预测方式主要是为企业制定中期经营发展决策提供依据，常用于市场需求量、价格变化、政策影响等方面的预测。中期预测对市场发展变化的预测时间不长，所需数据资料相对齐全，不确定因素较少，预测的准确性比短期预测稍差，但比长期预测要好。

（三）长期预测

长期预测又称远期预测，是指对五年以上的市场发展变化进行的预测。长期预测多用于为企业制定长期规划服务，通常用于对市场商品生产与销售的发展方向、产品技术发展趋势、产业链升级等方面的总体预测和战略预测。长期预测不确定因素较多，且随着时间的增长不确定因素也会变多，因此预测精确度相对较低。在市场预测的过程中，长期预测很难把握和预计所有可能的变化因素，往往会与中短期预测相配合，对中期预测和短期预测进行具体化处理可以将处理结果运用到长期预测中。

二、按空间划分

根据市场调查的空间，市场预测可以按地理空间划分以及按经济空间划分。

（一）按地理空间划分

按地理空间范围划分，市场预测可分为国际市场预测、国内市场预测和区域市场预测。

1. 国际市场预测

国际市场预测是指以世界范围内国际市场的发展动态和趋势为对象的市场预测。随着全球一体化的推进，越来越多的企业拓展经营范围，进入海外市场，对国际营销环境和发展趋势的预测需求不断增加，国际市场预测也逐渐成为热门。国际市场预测可以是综合性的，也可以是专题性的；可以是对整个世界市场的预测，也可以是对具体的国际区域或是国家市场的预测。国际市场预测涉及面广、范围大、变量和不可控因素多、收集资料困难，预测难度大。

2. 国内市场预测

国内市场预测是指对全国范围的市场状况进行的预测。国内市场预测可以为企业提供全国市场环境的行业发展趋势预测，因此对于大多数国内企业来说无论是否在全国发展，国内市场预测都是必要的。即使企业以区域市场为目标，也有必要掌握全国市场的发展变化趋势，为正确决策提供依据。相对区域市场预测来说，国内市场预测具有涉及面广、范围大、不可控因素多等特点，预测难度较大，但相对国际市场预测来说，国内市场预测难度稍小一些。

3. 区域市场预测

区域市场预测是指以某一个市场区域为对象的预测。相对于国际市场预测和国内市场预测而言，区域市场预测的涉及面较小，范围不大，变量和不可控因素较少，收集资料相对容易，预测的难度相对较小，是较为普遍的一类市场预测。

（二）按经济空间划分

按经济空间，市场预测可以分为宏观市场预测和微观市场预测。

1. 宏观市场预测

宏观市场预测是以整个行业发展的总体情况作为研究对象，研究企业生产经营过程中的宏观环境因素。宏观市场预测一般是对整个国民经济活动的总图景及相应经济变量的全社会综合数值的预测，包括对国内生产总值及其增长率、物价总水平和商品零售总额、工资水平和劳动就业率、产业结构、投资规模及其增长率、国际收支的变化等的预测。

2. 微观市场预测

微观市场预测是指从企业出发，对影响单个经济单位的经济行为及相应经济变量的预测。例如，对一个企业产品的市场需求量、销售量、市场占有率、价格变化趋势等进行的预测。微观市场预测是宏观市场预测的基础和前提；宏观市场预测是微观市场预测的综合和扩大。在预测活动中，市场预测可以从微观预测扩展到宏观预测，也可以从宏观预测具体到微观预测。

三、按预测性质划分

按预测性质，市场预测可以分为定性预测和定量预测。

（一）定性预测

定性预测又称经验判断，是指依靠熟悉业务知识、具有丰富经验和综合分析能力的人员或专家，根据已掌握的历史资料和直观材料，对事物的未来发展趋势做出性质和程度上的判断，得出预测结论。定性预测主要用于分析研究目标在未来表现出的性质和状态。常用的方法有集合意见法、专家会议法、德尔菲法、类比法等。

定性预测的方法简单易行，耗时较短，节省经费，能综合多种因素。但由于定性预测的结果并没有经过量化或模型分析以及建立在逻辑思维、经验判断和推理的基础上，所以其具有很强的不确定性，主观随意性较大。因此在实际工作中，定性预测常常要与定量预测结合使用。

（二）定量预测

定量预测也称统计预测，是指根据已经获得的市场信息数据，运用数理方法建立模型，对事物未来发展变化趋势进行分析和计算的方法。定量预测的分析方式有助于在定性分析的基础上，掌握事物量的界限。定量分析方法主要分为时间序列预测与因果关系预测两大类。常用方法有回归分析法、散点法、趋势外推法、马尔可夫法等。

定量预测偏重数量方面的分析，能实现变化程度在数量上的准确描述。定量预测以数学模型为分析手段，不易受人为因素的影响，有利于保证预测的科学性和客观性。同时定量预测还可以估算出预测误差和可信度，使决策者明白使用预测结果的风险范围。但定量预测费用较高，且较为机械化，对预测人员的数理水平也有一定的要求。在应用过程中，定量预测对数据资料的依赖性强，如果不能保证数据的数量与质量，预测就难以有效进行。

第三节 市场预测方法

市场预测是制定销售决策的重要依据，但市场预测方法种类繁多，每一种预测方法都有特定的原理、特点、用途和适用范围，而且在相同条件下不同的预测方法也会产生不同的预测结果。在这里，我们介绍主观概率法、专家会议法及德尔菲法三种常用的定性预测方法，以及回归预测和时间序列预测两种常用的定量预测方法。

一、定性预测

在市场营销活动中，当对市场发展趋势进行预测时，调查人员有时很难获取真正有用的数据。此时，只有依靠人的经验和分析能力做出一些相对粗略的方向性估计，这就属于定性预测的范畴。下面主要介绍三种常用的定性预测方法。

（一）主观概率法

主观概率法是指由研究人员对预测事件发生的概率做出主观估计，或者对事件变化动态做出一种心理评价，然后计算其平均值，并将平均值作为市场预测结论的方法。主观概率法符合概率论的基本定理，其所确定的概率介于 0 到 1 的闭区间上，全部事件中各个事件概率之和等于 1。主观概率法的预测步骤如下：①说明预测目的和要求，提供必要的资料；②制定调查表并发给每位被调查者进行填写；③整理汇总调查表；④根据汇总情况进行判断预测。

主观概率法使用简明易懂的概念和方法，以帮助市场趋势分析者判断概率，适用于市场趋势分析期内市场供需情况相对平稳，营销环境不出现重大变化的情况。主观概率法操作简单且节省时间，但由于不同的人对同一事物在同一条件下发生的概率估值不同，对主观概率数值的正确性难以核对，可检验性较差。

（二）专家会议法

专家会议法也称专家座谈法，是指由知识和经验较丰富的专家人员组成专家小组进行座谈讨论，互相启发、集思广益，最终形成预测结果的方法。专家会议法又可细分为头脑风暴法、交锋式会议法和混合式会议法。

头脑风暴法也称非交锋式会议法，会议不带任何限制条件，鼓励参与的专家独立、任意地发表意见，没有批评或评论，相互激发灵感，产生创造性思维。交锋式会议法要求与会专家围绕一个主题，各自发表意见，并进行充分讨论，最后达成共识，取得相对一致的预测结论。混合式会议法也称质疑头脑风暴法，其分为两个阶段：第一阶段是非交锋式会议，产生各种思路和预测方案；第二阶段是交锋式会议，对上一阶段提出的各种设想进行质疑和讨论，提出新的设想，相互不断启发，最后取得一致的预测结论。混合式会议法是头脑风暴法与交锋式会议法的综合运用，其改进了头脑风暴法没有固定结论的弊端，同时弥补了交锋式会议法缺乏创造性启发的不足。

专家会议法可以集思广益、思维共振，尤其是在缺少足够的统计数据和没有类似经验可以借鉴的情况下，能够达到有效的预测效果。但由于参会人数有限，可能存在代表性不充分、看问题不全面的缺陷。另外，在会议中权威人物影响较大，容易出现权威人士意见严重影响集体看法的情况。

（三）德尔菲法

德尔菲法又名专家小组法或专家意见征询法，是以匿名方式通过多轮函询征求专家意见，进行定量处理，最终得出预测结果的一种经验判断法。德尔菲法的大致流程如下：首先对所要预测的问题征得专家的意见，进行整理、归纳、统计，然后将其匿名反馈给各专家，再次征求意见，再集中，再反馈，直至得到一致的意见。

在德尔菲法的调查过程中，各专家能够在不受干扰的情况下独立、充分地表明自己的意见，不会受到某些权威专家意见的影响，也不会出现讨论会上“从众”的倾向，有利于被调查的专家独立思考，发表自己的意见。采用匿名方式反馈信息，专家可以在没有过多压力的情况下参考别人的意见，避免个人意见的片面性。德尔菲法的预测结果建立在具有丰富知识和经验的专家判断的基础上，其将各位专家的意见进行综合，能够发挥集体的智慧。但德尔菲法的过程比较复杂，花费时间较长，多次轮番征询后，有些专家容易产生烦躁情绪，不愿再进行更改或是中途退出，从而影响预测的精确度。因此在运用德尔菲法进行预测时，应尽量减少轮回次数，一般认为意见征询不超过四轮。如果二轮或三轮征询后专家的意见比较统一，也没有必要再进行征询。

二、定量预测

定量预测是使用以历史数据或因素变量来预测需求的数学模型，根据已掌握的比较完备的历史统计数据，运用一定的数学方法进行处理，来揭示变量之间的规律性联系，用于预测和推测未来发展变化情况的一类预测方法。这里介绍两种常用的定量预测方法。

（一）回归预测法

回归预测法是明晰市场现象的自变量和因变量，建立变量之间的回归方程，并用以预测变量未来发展情况的方法。

1. 回归预测法的步骤

回归预测法主要探讨自变量和因变量之间的关系，其预测过程主要包含以下几个步骤。

1）确定自变量和因变量

自变量是引起其他变量发生变化的变量，因变量是由一些变量的变化而被影响的变量。例如，预测具体目标是下一季度的市场需求量，那么市场需求量就是因变量。通过市场调查和查阅资料，寻找与预测目标相关的关键影响因素，即自变量。进行预测之前，要掌握已有信息及资料，根据预测目标，明确自变量与因变量。

2）进行相关分析

相关分析是研究两个或两个以上处于同等地位的随机变量间的相关关系的统计分析方法。只有当变量之间存在高度相关时，进行回归分析寻求其相关的具体形式才有意义。因此，相关分析是回归分析的基础和前提。在进行模型预测之前，应该对变量间的相关程度进行检验。

3）建立回归预测模型

检验变量间的相关关系之后，如果自变量和因变量之间确实相关，我们就可以依据自变量和因变量的历史统计资料进行计算，在此基础上建立回归预测模型。最为简单的回归预测模型是一个因变量与一个自变量之间的关系，我们称之为简单线性回归。

4）检验回归预测模型

回归预测模型的检验包括参数检验、模型检验及预测误差的计算。参数检验和模型检验主要是检验模型是否成立，因变量与自变量之间是否存在因果关系。根据回归预测模型可以计算出回归方程的预测误差。回归预测模型是否可用于实际预测很大程度上取决于检验结果。回归方程只有通过各种检验，且预测误差较小，才能用于预测。

5）计算并确定预测值

利用通过检验的回归预测模型计算预测指标，并对其进行综合分析，确定最后的预测结果。

2. 回归预测法的分类

按照划分方式，回归预测可以分为不同的种类，这里介绍两种主要的划分方式。

1）按自变量个数划分

根据自变量的个数，回归分析包括一元回归分析和多元回归分析。

只涉及一个因变量和一个自变量的回归分析，称为一元回归分析。一元回归分析的主要任务是从两个相关变量中的一个变量去估计另一个变量，即寻找一个自变量和一个因变量之间的关系。

多元回归分析是指在相关变量中将一个变量视为因变量，其他两个或多个变量视为自变量，建立多个变量之间线性或非线性的数学模型数量关系式，并利用样本数据进行分析的统计分析方法。另外，也有讨论多个自变量与多个因变量线性依赖关系的多元回归分析，称为多元多重回归分析或多对多回归分析。

2）按函数形式划分

根据因变量和自变量的函数表达式，回归分析包括线性回归分析和非线性回归分析。

线性回归预测是指因变量和自变量之间的关系是直线型的回归预测方法。线性回归分析反映了客观事物的线性数量关系，其也是回归预测中最简单和最常用的方法，被广泛地应用于社会经济现象的影响因素分析和关联分析研究。

如果回归模型的因变量为自变量的一次以上函数形式，回归规律在图形上表现为形态各异的各种曲线，我们称其为非线性回归预测。在许多实际问题中，回归函数往往是较复杂的非线性函数，常用的处理方法有回归函数的线性迭代法、分段回归法、迭代最小二乘法等。

3. 回归预测法的注意事项

在应用回归预测法时，应首先确定变量之间是否存在相关关系。如果变量之间不存在相关关系，贸然使用这些变量应用回归预测法就会得出错误的结果。在实际使用过程中，在选择具体的方法和模型之前，先对数据做较为详细的分析，识别各变量的数据特征，得到的预测结果也会令人满意。正确应用回归分析预测时应注意使用合适的数据资料，根据定性分析判断现象之间的依存关系，避免回归预测的任意外推。

（二）时间序列预测法

时间序列预测法是以一个指标自身历史数据的变化趋势作为预测的依据，寻找市场的演变规律，并据此对其未来的发展情况做出预测的方法。时间序列预测法的基本原理包括两个方面：一方面，承认事物发展的延续性，运用历史时间序列数据进行统计分析，推测事物的发展趋势；另一方面，充分考虑到由于偶然因素影响而产生的随机性，对数据进行适当处理，消除随机波动产生的影响，利用历史数据进行统计分析，并进行趋势预测。

1. 时间序列预测法的步骤

1）收集与整理资料

在进行时间序列预测法之前，首先要收集历史资料，并对其进行整理，编成时间序列，然后将时间序列绘成统计图。时间序列分析法通常把各种可能发生作用的因素进行分类，传统的分类方法是按各种因素的特点或影响效果分为长期趋势、季节变动、循环变动和不规则变动。

2）观察时间序列特点

观察时间序列特点，一方面可以通过绘制的统计图进行判断，另一方面可以辅以相应的数据计算作为标准。如果数据序列是非平稳的，并存在一定的增长或下降趋势，则需要对数据进行平稳化处理，直到处理后的数据呈平稳态势，才将其用于模型分析。

3）选择方法并建立模型

根据时间序列模型的识别规则选择恰当的方法建立模型，得到时间序列的长期趋势、季节变动和不规则变动的值，选定近似的数学模式来代表它们。对于数学模式中的诸多未知参数，使用合适的技术方法求出估计值。

4）得到预测结果并进行分析和评价

利用时间序列资料得到预测的数学模型后，就可以利用它来预测未来的发展情况，计算时间序列的预测值。得到预测值以后，还要对其进行检验和分析，最后对整个研究过程中的优点与不足做出评价。

2. 时间序列预测法的分类

根据资料分析方法的不同，时间序列可以分为序时平均数法（简单序时平均数法、加权序时平均数法）、移动平均法（简单移动平均法、加权移动平均法）、指数平滑法（一次指数平滑法、二次指数平滑法和三次指数平滑法）、季节趋势预测法［季（月）平均法和季节性移动平均法］、市场寿命周期预测法等，这里只简要介绍四种较为普遍的预测方法。

1）序时平均数法

序时平均数法是运用若干时期数据的平均数进行预测，可分为简单序时平均数法和加权序时平均数法。其中，简单序时平均数法把若干历史时期的统计数值作为观察值，计算出算术平均数作为下期预测值；加权序时平均数法把各个时期的历史数据按近期和远期影响程度进行加权，再求出平均值作为下期预测值。

2）移动平均法

移动平均法使用一组最近的实际数据值来预测未来一期或几期的数值。移动平均法又可分为简单移动平均法和加权移动平均法。其中，简单移动平均法是相继移动计算若干时期的算术平均数作为下期预测值。加权移动平均法是给固定跨越期限内的每个变量值以不同的权重，通常来说距离预测时期越近，权数越大；距离预测时期越远，权数越小。

3）指数平滑法

指数平滑法是以某种指标的本期实际数和本期预测数为基础，引入一个简化的加权因子，即平滑系数，以求得平均数的一种时间序列预测法。指数平滑法是在移动平均法的基础上发展起来的一种时间序列预测法。根据平滑次数不同，指数平滑法又可分为一次指数平滑法、二次指数平滑法和三次指数平滑法等。

4）季节趋势预测法

季节趋势预测法是根据经济事物每年重复出现的周期性季节变动指数，预测其季节性变动趋势。推算季节性指数可采用不同的方法，常用的方法有季（月）平均法和季节性移动平均法两种。

3. 时间序列预测法的主要影响因素

时间序列中每一时期的数值都是很多不同因素同时发生作用后的综合反映。总的来说，这些因素可分为以下四个方面。

1）长期趋势

长期趋势是指在较长时期内持续发展变化的一种趋势或状态，反映预测对象在长时期内的变动总趋势。这种趋势往往是市场变化情况在数量上的反映，变动可能表现为向上发展，也可能表现为向下发展，或是由向上发展转为向下发展等。

2）季节变动

季节变动是指社会经济现象受自然条件和社会风俗等因素的影响，在一年内随季节更替而出现的周期性波动。这种季节变动出现后，每隔一年又会再次出现。所以简单的说，每年重复出现的循环变动即为季节变动。

3）循环变动

循环变动是以年度记录的时间序列所表现出来的某种周期性变动。循环变动与季节变动的区别主要在于，季节变动是固定间距中的自我循环，而循环变动是从一个周期变动到另一个周期，间距较长且一般循环的幅度和周期均不规则。

4）不规则变动

不规则变动又称随机变动，是指时间序列中变化无规则可循的变动。这种变动一般由偶然事件引起，如战争、自然灾害、政策改变等影响经济活动的变动。不规则变动幅度往往较大，很难进行预测。

第四节 市场预测误差

市场预测误差是指预测模型的理论估计值同历史观察期的实际值之间的差异。本节我们主要了解市场预测中误差的判定、产生原因及提高市场预测质量的方式。

一、预测误差的判定

市场预测是指运用已有历史资料对未来发展情况进行预测，但由于市场瞬息万变，在市场预测的实践中难免会遇到预测结果不准确的情况。常用的市场测定方法主要有以下五种。

（一）平均误差

平均误差是预测值与实际值之间离差的平均值。使用平均误差测定市场误差的计算简单，但由于离差值通常包含正负两种数值，相加时会相互抵消，最终计算结果有可能比实际误差低。

（二）平均绝对误差

平均绝对误差是各期误差绝对值的算术平均数。使用平均绝对误差得到的市场误差值均为正，有效克服了平均误差中离差值相互抵消的弊端。

（三）均方误差

均方误差是预测值与实际值之间离差平方值的平均数。均方误差将预测值与实际值之间的离差平方化，同样避免了正负预测误差相互抵消的问题。但均方误差会使得计算结果的计量单位没有实际意义，与实际值不属于同一数量级，不利于用户将计算结果和实际值进行对比分析。

（四）标准误差

标准误差是首先对预测值与实际值之间离差平方值计算平均数，再将这个平均数开平方。标准误差的计算结果与实际值的计量单位相同，便于将它与实际值比较来说明误差大小。在统计推断中，通常将标准误差作为度量误差范围的基准，预测误差范围为标准误差的若干倍。

（五）平均绝对百分误差

平均绝对百分误差是使用百分比表示实际值和预测值之间的离差，为与实际值之比的绝对值的平均数。在实际应用中，一般平均绝对百分误差超过10%则认为预测误差过大，不予以采用。

二、产生误差的原因

市场预测误差产生的原因有很多，既有主观因素，又有客观因素，概括起来主要有以下五个方面。

（一）突发性因素的影响

突发性因素主要是指在影响事物发展的原因、变化方向、后果等各方面存在无规则的特征，难以准确预测和把握的偶然事件，如国内重大政策调整、社会心理因素变化等。企业市场预测活动中突发性因素的影响复杂，作为预测人员很难对其加以控制并对其影响力做出精确的估计。

（二）市场过程性的影响

多数情况下市场规律性的显示有一个过程，当这种规律没有充分显示出来时，或未能被人们认识之前，人们对未来的认识有一定的局限性，预测者也很难对未来做出精确的推测。

（三）调查资料失真的影响

调查资料失真是对决策者最严峻的考验。在实际中调查资料失真的原因有很多，归结起来主要有观测失真、抽样失真、计算误差、时滞误差等。在多数情况下，调查人员常采用抽样方法，由于各种主客观原因，调查人员有时会偏离抽样原则，导致调查资料的失真。这也是我们在分析预测误差时最为关注的原因之一。

（四）预测方法不当的影响

在选择预测方法时，要综合考虑预测目标的特征、时间期限、精度要求、费用预算、资料的完备程度、模型的难易程度及历史数据的变动趋势等各方面的因素。因此在预测方法的选择过程中，有时可能因为时间或费用等原因不能选择最佳的预测方法，得到的结果也会存在一定的误差。

（五）预测人员水平的影响

在市场预测过程中，预测人员的专业水平、心理状态、工作积极性等因素均会对预测结果造成一定程度的影响。一些心理素质不强和专业水平不高的预测人员在预测过程中可能会有投机取巧的现象，致使预测结果与实际情况存在较大误差。

三、提高预测质量的方式

现实社会是复杂多变的，市场预测结果受到多方面因素的影响，难免会产生一些误差，合理的预测误差是可以接受的。但如果预测误差太大，预测结果将不能被采纳。为了避免这种情况，我们可以从以下几个方面提升预测质量。

第一，选择懂业务、工作态度好、具有预测经验的人员构成合理的预测人员队伍。

第二，核实已有的市场信息，及时掌握近期有关的市场信息资料，建立市场信息档案，通过各种所需资料的对比来分析其成因和特性。

第三，根据资料的具体特征选择预测方法。节省时间与经费的前提是保证预测方法的适用与可靠，不能以牺牲预测结果的准确性为代价换取预测的省时省力。

第四，在真实准确的市场信息和合理预测的方法基础上，进行科学严谨、实事求是的预测，保证预测值的真实可靠性。同时纠正在方法选择上“技术越复杂越好”的观点，选择合适的预测方法，如有必要可以运用多种方法进行对比。

第五节 市场预测报告

市场预测报告是依据已掌握的有关市场信息和资料，通过科学的方法进行研究，从而预测未来发展趋势的一种预见性报告。市场预测报告是在市场调查的基础上，综合调查的材料，使用科学的方法估计和预测未来市场的趋势，从而为有关部门和企业提供信息，以改善经营管理、促使产销对路、提高经济效益。

一、市场预测报告的内容

一份完整的市场预测报告主要包含标题、前言、正文、结尾、附件及署名与日期六个部分。

（一）标题

市场预测报告的标题一般包含预测、展望等，标题要简明、醒目，紧扣市场预测目标。

（二）前言

前言部分要求以简明扼要的文字说明预测的主旨或概括介绍全文的主要内容，也可以写入概括的预测结果以引起用户的注意。

（三）正文

市场预测报告的正文是市场预测报告的主体部分，一般包括现状、预测、建议三个部分。

1. 现状

任何预测都是从现状看未来，现状部分是预测情况的基础。在进行预测部分的撰写之前，首先要从收集到的材料中选择有代表性的资料和数据来说明经济活动的历史与现状，为预测分析提供依据。

2. 预测

利用资料数据进行科学的定性分析和定量分析，从而预测经济活动的趋势和规律，是市场预测报告的重点所在。预测部分应该在调查研究或科学实验取得资料数据的基础上，对材料进行认真分析研究，再经过判断推理，从中找出发展变化的规律。

3. 建议

为了适应经济活动未来的发展变化，并为领导决策提供有价值的、值得参考的建议，是市场预测报告的最终目的。因此，这个部分要根据预测分析的结果，提出切合实际的具体建议。

（四）结尾

在结尾部分，可以总结预测结论，提出展望，鼓舞人心，也可以照应前言或重申观点以加深用户的认识。

（五）附件

附件主要提供图、表等数据材料及其他具体的辅助材料。

（六）署名与日期

在报告的最后要写明撰写此报告的单位或团队，标注具体的日期。如果文中已表明了日期，文末也可省略。

二、市场预测报告的分类与特点

按照预测范围、预测时间、预测方法，市场预测报告可以分为不同的类型，但这些不同的方法也有其共同的基本特点。

（一）市场预测报告的分类

市场预测报告作为市场预测结果的最终呈现方式，其分类情况与预测方法基本一致，较为常用的划分方式有以下三种。

1. 按预测范围划分

根据预测范围，市场预测报告分为宏观市场预测报告与微观市场预测报告。其中，宏观市场预测报告是对大范围或整体现象的未来所做的综合预测，常指有关国民经济乃至世界范围内的各种全局性、整体性的、综合性的经济问题的报告；微观市场预测报告是某一部门或某一经济实体对特定市场商品供需变化情况、新产品开发前景等分析研究的预测报告。

2. 按预测时间划分

根据预测时间，市场预测报告分为长期预测报告、中期预测报告和短期预测报告。其中，长期预测报告是指对超过五年期限的经济前景所做的预测报告；中期预测报告是指对一年以上五年以下经济发展前景所做的预测报告；短期预测报告是指对一年内经济发展情况所做的预测报告。

3. 按预测方法划分

根据预测方法，市场预测报告分为定量预测报告与定性预测报告。

定量预测报告包括数字预测法预测报告和经济计量法预测报告。数字预测法预测报告是对某一产品已有的大量数据进行分析研究，使用统计数字表达，从中找出产品的发展趋势而撰写的报告。经济计量法预测报告是根据各种因素的制约关系使用数学方法进行预测而撰写的报告。

定性预测报告是对影响需求量的各种因素，如质量、价格、销售方式等进行分析研究，在此基础上为预测市场的需求量而撰写的报告。

（二）市场预测报告的特点

1. 预见性

市场预测报告的预见性是对市场未来的发展趋势做出预见性的判断，是在深入分析市场既往历史和现状基础上的合理判断，使预测结果和未来实际情况的偏差概率达到最小化。预见性是市场预测报告中最为本质的特点。

2. 科学性

市场预测报告在内容上有充分翔实的资料做支撑，运用科学的预测理论和预测方法找出预测对象的客观运行规律，得到合乎实际的结论，从而有效地指导人们的实践。科学性是保证市场预测报告质量的重要特征，如果没有科学性，市场预测报告也就失去了指导实践的意义。

3. 针对性

市场预测的内容十分广泛，每一次市场调查和预测只能针对某一具体的经济活动或某一产品的发展前景，因此市场预测报告也要保证较强的针对性。选定的预测对象越明确，市场预测报告的现实指导意义就越大。

4. 时效性

市场预测是为企业或机构进行决策服务的，所以必须在决策之前完成。也就是说市场预测报告要讲究时间，错过了时机也就没有了研究价值。

5. 可行性

预测的目的是为决策服务，因此市场预测报告中提供的策略和措施等意见、建议要切实可行，切忌抽象笼统，只有这样市场预测报告才能具有决策依据和参考价值。

三、市场预测报告与市场调查报告

市场调查报告、市场预测报告都是以市场为特定对象撰写的书面报告，这两种报告的问题属性相同，都是以经济理论为指导，依据市场实际情况撰写的书面报告，文章的结构模式也十分相似，而且对时效性的要求都比较高，导致很多情况下这两种报告被混为一谈。事实上市场调查报告与市场预测报告是一对互相关联而又明显不同的两种报告。如果把两者混二为一，会对写作实践的指导造成不良影响。市场调查报告与市场预测报告的差别主要体现在以下五个方面。

（一）撰写目的不同

市场调查报告一般是为了了解过去、总结经验、认识现状、发现问题、指导现实的生产经营活动而撰写的。市场调查报告是以提高营销效益为目的，有计划地收集、整理和分析市场的信息资料，提出解决问题的方法和建议。而市场预测报告通过分析历史或现实的状况，在调研的基础上认识未来，预测未来的变化和发展。市场预测报告主要是为经济决策提供依据，帮助企业赢得生产经营的主动权。由于发挥效用的侧重点不同，两种报告的撰写目的存在较大的区别。

（二）内容重点不同

市场调查报告着眼于对市场的过去和现状的客观反映，重点在于调查，反馈市场信息，要求有关材料具有准确性和客观性；而市场预测报告则着眼于对市场的未来状况进行分析，侧重于预测，揭示市场发展趋势。两种报告撰写内容的重点也有所不同。市场预测报告一般要求在调查的基础上提出意见或建议，而市场调查报告通常没有这样的要求。

（三）社会效用不同

市场调查与市场预测报告作为社会研究的重要组成部分，它们的社会价值也存在一定的不同。市场调查报告能为市场经济提供有效的反馈作用，在企业控制、协调、监督等方面都起到积极作用，为产品经营管理者摄取信息、分析问题、制定决策和编制计划提供帮助；市场预测报告可以帮助社会组织和企业增强早期报警意识、洞察市场变化趋向、提前进行生产经营策划、增强市场竞争力，其社会价值主要体现在市场预见、生产导航和消费指导等方面。

（四）采用方法不同

市场调查与市场预测的方法种类繁多。市场调查通常需要与目标群体进行直接接触从而获得一手资料；而市场预测则是根据已经获得的数据信息进行加工和处理，从这些数据信息中预测未来的发展情况，并不需要与目标群体进行过多的直接接触。从某种意义上来说，市场调查是市场预测的前提，市场预测是市场调查的深入。

（五）表达手法不同

市场调查报告需要用事实说话，反映事物发生、发展和变化的过程，并对事物发生、发展和变化的过程进行分析，找出规律性的东西以指导工作，对其进行撰写时既有叙述又有议论，但最为偏重的是用事实和数据说明问题；而市场预测报告的撰写中也会用到叙述和议论的表达方式，但叙述部分要概括，力求简洁明了，议论部分要展开，力求高屋建瓴、表达深刻。

参考文献

巴比 E R. 2018. 社会研究方法[M]. 邱泽奇译. 北京：华夏出版社.

曹洪军，陈泽文. 2017. 内外环境对企业绿色创新战略的驱动效应——高管环保意识的调节作用[J]. 南开管理评论，20（6）：95-103.

陈卫，段媛媛. 2017. 中国老年人的空巢时间有多长?[J]. 人口研究，41（5）：3-15.

陈晓萍，沈伟. 2018. 组织与管理研究的实证方法[M]. 3 版. 北京：北京大学出版社.

丁立宏. 1999. 抽样设计及应注意的几个问题——市场调查实务教程（五）[J]. 北京统计（5）：35-37.

丁立宏. 1999. 调查方案的制订与可行性研究——市场调查实务教程（三）[J]. 北京统计，（3）：35-36.

杜明汉. 2011. 市场调查与预测——理论、实务、案例、实训[M]. 大连：东北财经大学出版社.

冯利英，额尔敦陶克涛，巩红禹. 2016. 市场调查理论、分析方法与实践案例[M]. 北京：经济管理出版社.

冯利英，武平. 2010. 统计调查方法的应用[M]. 北京：中国财政经济出版社.

苟巧玲. 2007. 追求预测的有效性，减小预测误差思路[J]. 科技信息（学术研究），（20）：146-147.

何宁，吴黎兵. 2005. 统计分析系统 SAS[M]. 武汉：武汉大学出版社.

何晓群. 2015. 多元统计分析[M]. 4 版. 北京：中国人民大学出版社.

何亚磊，许乾坤. 2018. 时间序列预测技术综述[J]. 信息通信，（11）：35-36.

胡成江. 2013. 测定市场预测误差，判断市场预测精度[J]. 中国证券期货，（9）：221.

胡振林. 2005. 市场调研、预测与决策分析[D]. 武汉：武汉大学.

黄润龙. 2004. 数据统计与分析技术：SPSS 软件使用教程[M]. 北京：高等教育出版社.

惠兴杰. 2010. 市场调查与预测[M]. 成都：西南财经大学出版社.

贾俊平，何晓群，金勇进. 2018. 统计学[M]. 7 版. 北京：中国人民大学出版社.

贾旸. 统计报表应用需求分析[J]. 中国金融电脑，2010（1）：29-32.

简倍祥，万恒，张殷. 2014. 客户问卷调查与统计分析：使用 Excel、SPSS 与 SAS[M]. 北京：清华大学出版社.

简明，胡玉立. 2014. 市场预测与管理决策[M]. 5 版. 北京：中国人民大学出版社.

简明，金勇进，蒋妍，等. 2018. 市场调查方法与技术[M]. 4 版. 北京：中国人民大学出版社.

蒋萍. 2007. 市场调查[M]. 上海：上海人民出版社.

蒋志华. 2002. 市场调查与预测[M]. 北京：中国统计出版社.

柯惠新，丁立宏. 2000. 市场调查与分析[M]. 北京：中国统计出版社.
科克伦 W G. 1985. 抽样技术[M]. 张尧庭，吴辉译. 北京：中国统计出版社.
李梦觉，龚曙明. 2015. 统计学原理[M]. 北京：中国水利水电出版社.
李新. 2007. 浅析如何选择合适的统计抽样方法[J]. 科技信息（科学教研），（20）：535.
梁前德. 2014. 基础统计[M]. 5 版. 北京：高等教育出版社.
刘定平. 1997. 描述统计与推断统计的比较分析[J]. 经济经纬，（4）：83-92.
刘辉. 2014. 系统抽样中若干问题研究[D]. 呼和浩特：内蒙古工业大学.
刘星毅，农国才. 2007. 几种不同缺失值填充方法的比较[J]. 南宁师范高等专科学校学报，（3）：148-150.
卢小广. 2016. 社会调查研究实务教程——基于 SPSS 20[M]. 北京：人民邮电出版社.
陆雄文. 2013. 管理学大辞典[M]. 上海：上海世纪出版社.
罗洪群，王青华. 2016. 市场调查与预测[M]. 2 版. 北京：清华大学出版社.
骆大森. 1984. 态度测量的一种等距量表方法——瑟斯顿配对比较法[J]. 心理科学通讯，（6）：17-23，61，66.
孟雷，李宏伟. 2019. 市场调查与预测[M]. 2 版. 北京：清华大学出版社.
米子川，聂瑞华. 2016. 大数据下非概率抽样方法的应用思考[J]. 统计与管理，（4）：11-12.
孙钺，狄英. 2011. 论统计调查方案的设计[J]. 现代物业（中旬刊），10（7）：20-21.
万力. 2017. 现代市场调查问卷设计技巧探讨[J]. 现代经济信息，（21）：85.
王艳杰. 2003. 再论市场预测的作用及方法的选择[J]. 工业技术经济，（2）：29-30.
王云峰. 2010. 统计学原理——理论与方法[M]. 上海：复旦大学出版社.
王振龙. 2007. 时间序列分析[M]. 北京：科学出版社.
吴丹. 2010. 浅谈市场预测的三种主要方法[J]. 山西焦煤科技，（S1）：103-104.
萧浩辉. 1995. 决策科学辞典[M]. 北京：人民出版社.
谢家发. 2011. 调查数据分析[M]. 郑州：郑州大学出版社.
杨凤荣. 2016. 市场调查方法与实务[M]. 2 版. 北京：科学出版社.
易丹辉. 2014. 数据分析与 EViews 应用[M]. 2 版. 北京：中国人民大学出版社.
张保忠. 2004. 怎样撰写市场预测报告[J]. 秘书工作，（2）：36-37.
张国新. 2004. 最新统计方法技术应用与标准规范实用手册（二）[M]. 北京：北京广播学院音像教材出版社.
张克. 2014. 市场调查和营销人员的培训[J]. 中外企业家，（18）：112.
张湘平，张金槐，谢红卫. 2003. 关于样本容量、验前信息与 Bayes 决策风险的若干讨论[J]. 电子学报，31（4）：536-538.
张仲礼，林甫生，朱根. 2008. 探索•创新当代经济新学科新方法新流派（第三卷）[M]. 上海：上海社会科学院出版社.
赵轶. 2015. 市场调查与预测[M]. 北京：机械工业出版社.
甄杰，谢宗晓，李康宏，等. 2020. 信息安全治理与企业绩效：一个被调节的中介作用模型[J]. 南开管理评论，23（1）：158-168.
郑立新. 2013. 市场预测报告与市场调查报告的异同[J]. 应用写作，（7）：28-31.
朱晓峰. 2007. 缺失值填充的若干问题研究[D]. 桂林：广西师范大学.